Innerweltliche Hermeneutik

Quellen zur protestantischen Bildungsgeschichte (QPBG)

Nr. 11

Herausgegeben von Ralf Koerrenz, Alexandra Schotte
und Annika Blichmann

Ralf Koerrenz

Innerweltliche Hermeneutik

Beiträge zur Biblischen Theologie

EVANGELISCHE VERLAGSANSTALT
Leipzig

Bibliographische Information der Deutschen Nationalbibliothek
Die Deutsche Nationalbibliothek verzeichnet diese Publikation in der
Deutschen Nationalbibliographie; detaillierte bibliographische Daten
sind im Internet über http://dnb.dnb.de abrufbar.

© 2016 by Evangelische Verlagsanstalt GmbH · Leipzig
Printed in Germany

Cover: Kai-Michael Gustmann, Leipzig
Satz: Annika Blichmann, Jena
Druck und Binden: Docupoint GmbH Magdeburg

ISBN 978-3-374-04559-4
www.eva-leipzig.de

INHALT

Vorwort

Es gibt ein richtiges Leben nur im falschen. Dies ist der Grundgedanke einer kritischen Theorie, die im Anschluss an eine anthropologische Lesart der Bibel den Aspekt der individuellen und strukturellen Entfremdung des Mensch-Seins in Erinnerung ruft. In dieser Lesart rückt das Motiv des Innerweltlichen ins Zentrum: als je individueller Lebenslauf und als überindividuelle Geschichte. Beides wird unter dem Vorzeichen des „Falschen" interpretiert – des „Falschen" als verfehlter Möglichkeit des Mensch-Seins. Dem Menschen ist nach der biblischen Überlieferung aufgetragen, sich auf dieses „Falsche" einzulassen und konstruktiv mit den gegebenen Gefährdungen des Mensch-Seins umzugehen. Es gibt kein Leben außerhalb des Falschen und deshalb ist das Leben im Falschen das einzig mögliche, und in diesem Sinne richtige Leben. Die Bibel bejaht dieses Leben im Falschen, im Vorläufigen, im Unvollkommenen als den Ort und die Zeit, die der einzelne Mensch an seinem Ort und in seiner Zeit zu gestalten hat.

Der Grundton dieser Anerkennung des Lebens ist die Anerkennung des Absurden als zentrales Merkmal des Mensch-Seins. Damit verbunden ist aber zugleich die permanente Rebellion, das permanente Aufbegehren und Nicht-Einverstanden-Sein gegen eben dieses Absurde. Diese Perspektive begründet eine Kritik an der Kultur, die angesichts des biblischen Strukturzusammenhangs von Erbarmen, Recht und Kult viel härter ist als jegliche säkular begründete kritische Theorie.

Die Akzeptanz des Absurden als Leitmotiv des Lebens führt mit Blick auf jegliche Form von Sozialität, mag man diese als „Gesellschaft", „Gemeinschaft", „Kultur" oder was auch immer in den Blick nehmen, zu der Forderung eines innerweltlichen Atheismus. Mit Blick auf den einzelnen Lebenslauf jedoch rückt der Auftrag in den Fokus, nach Konturen einer Kultur der Bildung zu suchen, mit der die Einzelnen die Situation des

Absurden konstruktiv bewältigen können. Beide Perspektiven, die kulturkritische Perspektive des Innerweltlichen Atheismus und die Perspektive einer Kultur der Bildung, werden an anderem Ort zu entfalten sein. Im vorliegenden Band geht es um die Voraussetzungen eines Denkweges im Horizont des Innerweltlichen „etsi deus non daretur", als ob es Gott nicht gäbe. Dieses Motiv steht im Hintergrund dreier Studien, mit denen die anthropologischen und methodischen Voraussetzungen eines solchen Denkweges skizziert werden.

In der ersten Studie zur „Innerweltlichen Hermeneutik" wird gezeigt, welches Bild vom Menschen aus einer anthropologischen Lesart der Bibel gewonnen werden kann. Als Leitmotiv wird dabei das der „Entfremdung" deutlich, in deren Rahmen der einzelne Mensch die adamitische Dimension, die abrahamitische Dimension und die noachitische Dimension der eigenen Geschichtlichkeit angehen kann. Das Verstehen und das Lernen werden dabei als die beiden universalen und grundlegenden Eigenschaften des Menschen ausgewiesen. Von dort aus ergeben sich die Konturen einer „Innerweltlichen Hermeneutik" als Verfasstheit und Möglichkeit des Menschen in der Geschichte.

Im zweiten und dritten Teil wird skizziert, wie unter der Maßgabe einer „Innerweltlichen Hermeneutik" biblische Theologie aussehen könnte. In der zweiten Studie „Die Differenz" wird die Lehre vom Heiligen Geist auf die Frage nach den Grenzen und Voraussetzungen menschlicher Kommunikation bezogen. In den Mittelpunkt rückt dabei die Polarität von Orientierungs- und Kommunikationsbedürftigkeit des Menschen einerseits und Parteilichkeit Gottes durch das Wirken des Heiligen Geistes in diese Orientierungs- und Kommunikationsbedürftigkeit hinein andererseits.

In der dritten Studie über „Die Grenze" wird die Doppelstruktur pädagogischer Liebe aus biblischer Perspektive entfaltet. Es erweist sich als notwendig, dass die Grenze zwischen

Menschen einerseits aufgebaut und gewahrt, andererseits aber durchbrochen wird. Diese Konstellation ergibt sich aus der schöpfungsgegebenen Freiheit aller Menschen, also insbesondere auch der von Kindern und Jugendlichen. Im Prozess der Erziehung als Steuerung von Lernen äußert sich Liebe zunächst als Aufbau und Stärkung der Grenze im Zwischen. Zugleich muss sich Liebe zuweilen jedoch in einer stellvertretenden Verantwortung für die Wahrung von Menschlichkeit in der Durchbrechung eben dieser Grenze bewähren. Diese Spannung zwischen Wahrung und Durchbrechung der Grenze wird verbunden in dem Motiv von Liebe als Anwalt der Freiheit.

Die erste Studie ist für den vorliegenden Band verfasst worden und weist zugleich auf weitere Publikationsvorhaben voraus. Die zweite und dritte Studie sind zuvor im „Jahrbuch für Biblische Theologie" erschienen und werden hier in ihrem inneren Zusammenhang deutlich. Der besondere Dank gilt Volker Hampel vom Neukirchener Verlag, der die vorliegende Veröffentlichung unterstützt hat. Danken möchte ich auch Sebastian Engelmann, der mir wichtige Rückmeldungen zur „Innerweltlichen Hermeneutik" gegeben hat.

Die anthropologische und soziokulturelle Frage ist, welche orientierende Kraft die biblische Überlieferung über den Rahmen vorhandener religiöser Gemeinschaften hinaus haben kann. Die Bibel als Offenbarung des Mensch-Seins zu lesen, eröffnet Möglichkeiten zu Gesprächen im Spannungsfeld von Partikularität und Universalität des Mensch-Seins überhaupt. Inwieweit damit neue Gesprächsfäden innerhalb der monotheistischen Religionen oder auch innerhalb der vielfältigen Formen der konsumistischen Religion neuzeitlicher Prägung angestoßen werden können, ist die eine Seite. Inwieweit damit vielleicht auch Gesprächsbrücken zu den bedeutenden fernöstlichen Kulturmustern gebaut werden können, ist die andere Seite. Rezeption ist immer eine vage Hoffnung. Vielleicht ergeben sich Möglichkeiten zu innerweltlichen Gesprächen aufgrund der schlichten Annahme, dass Menschen zunächst einmal Verstehende und Lernende sind. Der Verstehende muss lernen, sonst überhöht er sich selbst, der Lernende aber muss verstehen, sonst bleibt er unverständig. Sicher, ob ich etwas gelernt oder verstanden habe, kann ich mir natürlich nicht sein – wie denn auch.

Jena, im Spätsommer 2016
Ralf Koerrenz

Innerweltliche Hermeneutik

Wovon handelt eigentlich der Text der Bibel? Von *wem* wird *was* geschildert, *worüber* wird erzählt und *wie* ist die Erzählung zu lesen? Diese Fragen wirken in vielen Frömmigkeitstraditionen des Christentums gleichermaßen banal wie irritierend. Banal und irritierend, weil doch klar sein sollte, dass die Bibel vor allem Gottes Beziehung zu den Menschen tradiert. Danach ist die Bibel ein Buch über Gott – unabhängig davon, ob wir die Texte eher von „oben" als Selbstkundgabe Gottes oder von „unten" als Varianten religiöser Erfahrung in einem bestimmten Deutungsrahmen interpretieren. Es geht zuerst und vor allem anderen um Gott – und dann erst um den Menschen in seinem Verhältnis zu dieser Referenzgröße.

Unter der Perspektive, die hier als „Innerweltliche Hermeneutik" skizziert werden soll, geht es in der Bibel, dem Ersten und dem Zweiten Testament, primär um die Beschreibung des Menschen. Es ist eine Lesart, nach der die Texte vor allem über das Sein des Menschen Auskunft geben – und erst in zweiter Linie über so etwas wie „Gott". In dieser gleichermaßen individual-anthropologischen und soziokulturellen Lesart wird damit die Aufmerksamkeit auf den Umstand gerichtet, dass die Bibel grundlegende Aussagen über den Menschen trifft. Dies gilt gleichermaßen für den Menschen als individuelles Wesen, das mit sich selbst zurechtkommen muss, wie für den Menschen als soziales Wesen, das sein Mensch-Sein erst in kulturellen Bezügen entfalten kann. Dass in der Bibel auch Aussagen über jene Instanz, die sich als letztlich unaussprechbar hinter der Buchstabenfolge JHWH verbirgt, getroffen werden, rückt logisch in den Hintergrund, auch wenn es sachlich die *Art und Weise, wie* über den Menschen in seiner Individualität und seiner Sozialität gesprochen wird, erst begründet. Dieser Ansatz ist an sich nicht originell oder neu, drängt sich jedoch auf, wenn die Sprachfähigkeit einer biblisch orientierten praktisch-theologischen Hermeneutik in den religiös verunstalteten Alltagswelten der Moderne[1] erneuert werden soll. „Innerweltliche Hermeneutik" stellt einen Versuch dar, eine solche Sprachfähigkeit aufgrund der Re-Formulierung von biblischer Anthropologie zu entwickeln. Die Konzeption der Innerweltlichen Hermeneutik versteht sich als Fortführung der von Leo Baeck entwickelten Deutung der biblischen Überlieferung über die Dialektik von Geheimnis und Gebot[2] unter Einbeziehung der religionskritischen Gegenwartsdiagnose Dietrich Bonhoeffers einerseits[3] und der biblisch-systematischen Theologie von Gottes Geist bei Michael Welker[4] andererseits. Innerweltliche Hermeneutik zielt darauf, als eine „Kultur der Bildung" individual-anthropologisch und als „Innerweltlicher Atheismus" kulturkritisch entfaltet zu werden. Die Leitmotive der „Innerweltlichen Hermeneutik" sind ebenso wie die Konzeptionen des „Innerweltlichen Atheismus" und einer „Kultur der Bildung" beeinflusst von verschiedenen Ansätzen einer posttheistischen Theologie im Sinne Paul Tillichs[5], Rudolf

---

1   Vgl. zur Einführung in den Denkansatz einer theologischen Religionskritik die Ausführungen bei M. Weinrich, Religion und Religionskritik. Göttingen 2012², 263-286. Vgl. hierzu auch R. Koerrenz, Latente Konfessionalität. Christliche Orientierungssuche im Laboratorium der Gegenwart. In: O. Breidbach/H. Rosa (Hg.), Laboratorium Aufklärung. München 2010, 87-112.

2   L. Baeck, Das Wesen des Judentums. 1. Aufl. Berlin 1905 (167 S.), 2. Aufl. Frankfurt 1922 (308 S.), jetzt in: Werke Bd. I. Gütersloh 1998; Ders., Werke in sechs Bänden. Gütersloh 1996ff. Vgl. hierzu R. Koerrenz, Das Judentum als Lerngemeinschaft. Die Konzeption einer pädagogischen Religion bei Leo Baeck. Weinheim 1992.

3   Fragmentarisch mit verschiedenen Motiven entfaltet in: D. Bonhoeffer, Widerstand und Ergebung. Briefe und Aufzeichnungen aus der Haft. DBW Bd. 8, Gütersloh 1998.

4   M. Welker, Gottes Geist. Theologie des Heiligen Geistes, Neukirchen 1992.

5   P. Tillich, Wesen und Wandel des Glaubens. Frankfurt 1961; Ders., Der Mut zum Sein, Stuttgart 1953.

Bultmanns[6] oder Dorothee Sölles[7]. Die Entfaltung der Logiken des „Innerweltlichen Atheismus" und einer „Kultur der Bildung" wird allerdings anderen Kontexten vorbehalten bleiben.

Mit den Überlegungen zur „Innerweltlichen Hermeneutik" geht es zunächst um die vorauszusetzende Methode, quasi um die Denkvoraussetzungen und Grundannahmen einer Theorie des Innerweltlichen. Im vorliegenden Zusammenhang kommt es somit darauf an, das Grundanliegen einer spezifischen Art der Bezugnahme auf die biblische Überlieferung zu skizzieren. In dieser Art der Bezugnahme wird ein ebenso gegenwartsfähiges wie gegenwartsrelevantes Muster zur Deutung des Menschen erkennbar. Der Mensch wird als Individual- und Sozialwesen für eine solche Gegenwart ausgewiesen, in der die Alltagsgestaltung unter der Prämisse „etsi deus non daretur", als ob es Gott nicht gäbe, steht. Die offene Frage ist, ob es – existenziell betrachtet – je eine Gegenwart gegeben hat, die unter anderen Vorzeichen stand. Das Kontinuum aller Geschichte jedenfalls war, ist und bleibt die Vertreibung aus dem Paradies. Vor diesem Hintergrund geht es darum, elementare Aspekte in Erinnerung zu rufen, die die Lehre vom Menschen in der Bibel[8] kennzeichnen.

---

6   R. Bultmann, Glauben und Verstehen. 4 Bände. Tübingen 1933ff.; Ders., Neues Testament und Mythologie. München 1941.

7   Vgl. hierzu vor allem die Arbeiten von D. Sölle, Atheistisch an Gott glauben. Beiträge zur Theologie, Olten/Freiburg 1968; Dies., Stellvertretung. Ein Kapitel Theologie nach dem „Tode Gottes", Stuttgart 1982 (erw. Neuauflage); ferner H. Cox, Stirb nicht im Warteraum der Zukunft. Aufforderung zur Weltverantwortung, Gütersloh 1971. Angeknüpft wird damit mittelbar auch an die Motivlage der in sich heterogenen sogenannten Gott-ist-tot-Theologie, welche die Aufklärung und das Vorfindliche des Jetzt mit der Welterfahrung des modernen Menschen in Beziehung zu setzen versucht hat.

8   Diese Lehre wird hier spekulativ-systematisch entworfen, um die Möglichkeit eines zeitgemäßen und interdisziplinär anschlussfähigen „Vorurteils" (im Sinne Gadamers) zu durchdenken. Die textbasierten, induktiven Strukturierungen, die insbesondere Hans Walter Wolff in seiner „Anthropologie des Alten Testaments" (neu hg. von Bernd Janowski,

1 Die Bibel als Offenbarung des Mensch-Seins

Dem nachfolgenden Umgang mit den biblischen Texten ist eine Vorbemerkung vorauszuschicken, die wenig spektakulär wirkt, jedoch weitreichende Konsequenzen hat. Die Bibel mit ihren beiden Teilen, dem in hebräischer Sprache tradierten Ersten Testament und dem in griechischer Sprache überlieferten Zweiten Testament, ist *ein* Buch und dieses eine Buch ist von vorne nach hinten zu lesen. So wie Michael Welker seinen Denkweg in der Darstellung von „Gottes Geist" angelegt hat, wird hier davon ausgegangen, dass dieses *eine* Buch als die Entfaltungsgeschichte *einer* Geschichte, *eines* Deutungsmusters von Mensch und Welt aufzufassen ist. Der Aussagegehalt beider Testamente wird dabei als ein Kontinuum betrachtet. Die Verbindung zwischen Erstem und Zweitem Testament ist untrennbar und ungebrochen. Die Gültigkeit und die Aussageintention der Lehre sind unverändert vom ersten bis zum letzten Text dieser Sammlung von Schriften, auch wenn diese zwischen Adam, Amos, Hiob, Jesus und Apokalypse auf den ersten Blick so heterogen wirken. Der Vielfalt liegt ein kontinuierlich entfalteter Kern zugrunde, zu dem durch eben diese Heterogenität ein Spektrum an Zugängen eröffnet wird. Dieser Kern ist die Offenbarung des Mensch-Seins als eines entfremdeten Wesens, obwohl oder gerade weil diesem Wesen in der Welt gegenüber allen anderen Lebewesen eine herausgehobene Bedeutung zukommt. Diese besondere Rolle des Menschen resultiert aus dem potentiellen Vermögen des menschlichen Verstands. Dieser Verstand kann den Menschen von der Herrschaft seiner genetischen Ausstattung, seiner Triebe und Instinkte befreien. Er

---

Gütersloh 2010) vorgenommen hat, dienen hier nur als Hintergrund und werden an anderer Stelle („Kultur der Bildung") aufgenommen. Wolffs „Anthropologische Sprachlehre" (a.a.O., 29ff.) mit der Unterscheidung des bedürftigen, hinfälligen, ermächtigten und vernünftigen Menschen bildet die Matrix, in die die hier gewählten Akzentuierungen einzuschreiben sind.

kann es, tut es jedoch keineswegs zwangsläufig. Die Befreiung ist lediglich eine Möglichkeit, ein Potential, keineswegs verbreitete Realität. Die Freiheit des Menschen mündet allzu oft in einer triebgesteuerten Unverständigkeit. Das erste Grundwort der Freiheit ist und bleibt Entfremdung – *Entfremdung* des Menschen von sich selbst, *Entfremdung* des Menschen von anderen Menschen in seinem sozialen Sein, *Entfremdung* des Menschen von der Balance zwischen Erbarmen, Recht und Kult, in diesem Sinne *Entfremdung* von Gott, kurz: *Sünde im innerweltlichen Horizont*. Die Offenbarung der Entfremdung des Menschen ist die eine Seite der biblischen Münze, die Suche nach Umgangsformen mit bzw. Rückwegen aus der Entfremdung die andere Seite. Der rote Faden innerhalb der einen Überlieferung ist der in verschiedenen Varianten vorliegende Versuch, Modelle für den Menschen auszuweisen, mit sich selbst (als Individuum und als Gattung) klar zu kommen. Der methodische Kern aber, mit der der Mensch einerseits beschrieben, andererseits aber auch selbst ausgestattet ist, verweist auf das anthropologische Leitmotiv der innerweltlichen Hermeneutik. In der innerweltlichen Hermeneutik konkretisieren sich der Freiheitsspielraum und der Gestaltungsauftrag des Menschen inmitten aller Entfremdung.

Die Unterschiede innerhalb der *einen* Erzählung resultieren in heutiger Perspektive daraus, dass den verschiedenen Zugängen eine unterschiedliche Qualität an Prägnanz und Klarheit zugeschrieben wird. Im christlichen Rahmen wird traditionell behauptet, dass das Höchstmaß an Prägnanz und Klarheit im Kreuzestod und der Auferweckung Jesu zu finden ist. Dies jedoch ist mit Blick auf die Gesamtgeschichte nur eine Nuance, ein Qualitätslevel, aber nichts Anderes und schon gar nicht etwas Überlegenes gegenüber dem, was beispielsweise in textlich früheren Teilen des Ersten Testaments erzählt wird. Ganz im Gegenteil stellt sich zuweilen die Frage, ob in bestimmter Hinsicht nicht doch ein Zugang über Adam, über Noah, über

Abraham, über David, über Amos oder über Hiob eine bessere didaktische Qualität hat, um zum Kern der in der Bibel entwickelten Deutung des Mensch-Seins vorzudringen. Dies wäre eine biblisch-systematische Fragestellung eigener Reichweite.

Im vorliegenden Kontext geht es jedoch primär um den methodischen Zugang zur biblischen Überlieferung. An dieser Stelle müssen wir uns jenen Grundansatz in Erinnerung rufen, der in den ersten Texten der hebräischen Überlieferung als Methode selbst angewandt wurde: die Entmythologisierung und Entsakralisierung der Umwelt und damit des gesamten menschlichen Seins. Die Offenbarung des Mensch-Seins in der Bibel ist untrennbar verbunden mit jener Methode der Entmythologisierung und Entsakralisierung, mit der die biblischen Autoren sich kultkritisch und kulturkritisch von religiösen Überhöhungen innerweltlicher Macht- und Autoritätsstrukturen in ihrer Umwelt abzugrenzen versucht haben. Die Offenbarung des Mensch-Seins unter dem Vorzeichen der Entfremdung verträgt sich nicht mit der religiösen Umschleierung von innerweltlichen Gegenständen, Strukturen und Prozessen. Das Innerweltliche als Ganzes steht unter dem Vorzeichen der unaufhebbaren Entfremdung – sowohl des individuellen Lebenslaufs als auch der strukturellen Verfasstheit jeglicher Form menschlicher Sozialität. Im Innerweltlichen kann es nur um ein Ringen mit, nie aber eine Überwindung, eine Aufhebung von Entfremdung geben. Die Aufmerksamkeit des Menschen gilt der Suche, aufgrund welcher Rahmenbedingungen, aufgrund welcher Umzäunung der Ausbruch und die Herrschaft des Absurden, des Menschen-Verneinenden und Menschen-Vernichtenden in Grenzen gehalten werden können. Dies alles setzt aber den Verzicht voraus, Innerweltliches mit der Aura letzter Gewissheit religiös zu überhöhen. Solche Überhöhung ist immer menschliche Projektion. Innerweltliche Gegenstände, Strukturen und Prozesse werden dann, wenn sie religiös verehrt werden, zu Goldenen Kälbern, deren Verehrung in

letzter Konsequenz nichts anderes ist als die radikale Selbstverleugnung des Menschen. Es gibt ein richtiges Leben nur im
Falschen. Es gibt ein richtiges Leben nur im falschen Leben,
im Leben als Ausdruck des Falschen schlechthin. Dies ist der
Grundgedanke einer kritischen Theorie, die die Unaufheb-
barkeit der individuellen und strukturellen Entfremdung des
Mensch-Seins als Leitfaden einer realistischen Anthropologie
in Erinnerung ruft. Dieser methodische Grundansatz einer
fundamentalen Kulturkritik wird als Voraussetzung des innerweltlichen Atheismus an anderer Stelle zu entfalten sein. Im
vorliegenden Abschnitt kommt es lediglich auf den Hinweis an,
dass die Bibel als Offenbarung des Mensch-Seins *ein* Buch, *eine*
Erzählung und *ein* Kontinuum ist.

Als *was* wird nun der Mensch in der Bibel dargestellt? Durch
welche Eigenheiten wird die Position des Menschen in der Welt
gekennzeichnet? *Worauf* ist das menschliche Sein gerichtet und
woran kann sich das menschliche Sein orientieren? Die Antworten auf diese Fragen kulminieren zunächst in dem einen
Gedanken, der alle Texte der Bibel miteinander verbindet: Bewältigung von Entfremdung inmitten von Geschichte in ihrer
je individuellen und sozialen Ausprägung.

Der Mensch wird in seinem In-der-Welt-Sein auf Geschichte
verwiesen, auf innerweltliche Geschichte im Sinne seines persönlichen Lebenslaufs. Die Geschichte ist die oberste Wirklichkeit, von der alles menschliche Sein ausgeht, in der sich alles
menschliche Sein zu bewähren hat und auf die alles menschliche Sein hinzielt. Mit Geschichte aber wird auf das innerweltliche Sein verwiesen, so sehr auch Fragen einer jenseits der
innerweltlichen Geschichte liegenden Gerechtigkeit aufgrund
der Verzweiflung an dem faktisch Vorfindlichen an mir nagen
mögen. Die Seuche des ewigen Lebens, genährt aus der Mixtur
einer platonischen Lehre vom unsterblichen Seelenkern und
antiken Erlösungsmysterien, ist als Versuchung einer Jenseitsorientierung vor allem in den textlich späteren Teilen des

Ersten und als Subtext des Zweiten Testaments präsent. An der Verwiesenheit des Menschen auf die Gestaltung von Geschichte im Angesicht von Entfremdung als Kern der biblischen Offenbarung des Mensch-Seins ändert dies jedoch nichts – weder in der Orientierung an der Tora, noch an den prophetischen Appellen oder im komplexen Modell der Nachfolge Jesu. Die Grundaussage der Bibel über den Menschen lautet: Der Mensch hat sich im Innerweltlichen zu orientieren und zu bewähren. Dazu ist der Mensch auf der Erde berufen – zu nichts anderem.

„Geschichte" ist bis hierhin ein Containerbegriff, unter dem wir uns ganz Unterschiedliches vorstellen. Diese unscharfe, ungenaue Seite wird einerseits im nachfolgenden Gedankengang nicht vollständig zu tilgen sein, doch kann Geschichte andererseits zumindest durch die Unterscheidung verschiedener Aspekte näher qualifiziert werden.

Innerweltliche Geschichte beginnt damit, dass die ersten Menschen das Paradies verlassen (müssen). So die Erzählung. Nach der Entlassung von Adam und Eva in die Freiheit der Geschichte ist die irdische Existenz des Menschen in seinem Lebenslauf von Sterblichkeit, Verletzlichkeit und Entfremdung geprägt. Der Mensch ist als ein in die Geschichte Geworfener ein ebenso freies wie von sich selbst entfremdetes Wesen. Die Geschichte ist relativ und offen, letzte Sicherheiten und Gewissheiten verwehrend. Die Frage ist dann, woran sich ein Mensch in solcher Offenheit und Unsicherheit orientieren, auf welche elementaren Gewissheiten er aufbauen kann. Die erste Orientierung, derer ein Mensch sich qua Mensch-Sein gewiss sein kann, ist die Universalität des Lebens selbst.

Diese Universalität erfährt der einzelne Mensch an seiner je individuellen Geschichte, seinem Lebenslauf. Mit dieser, seiner Geschichte ist er zugleich verbunden mit der Geschichte im sozial und historisch übergreifenden Sinne. Die Universalität des Lebens erfährt der Mensch in seinem Lebenslauf ab der Kindheit durch die Endlichkeit des Lebens. Wir erfahren die

Universalität des Lebens als Gegenmodell zum Tod, zum Nicht-Leben. Das Sterben gehört zum Leben dazu, der Tod jedoch nicht mehr. Das universale Kennzeichen des Lebens und damit die Grunderfahrung des Menschen ist der Tod. Vom Tod aus wird erst verständlich, was Leben und Lebenslauf auszeichnet: die Begrenztheit von Zeit und Raum in der eigenen Existenz. Die Bibel verweist den Menschen von Beginn an auf seine Endlichkeit, die in der Staubwerdung des leiblichen Seins ihren unhintergehbaren Ausdruck erhält. Endlichkeit aber begründet das Leben. Das Leben des Menschen ist in letzter Konsequenz darauf gegründet und darin universal, dass es im Tod münden wird. Aufgrund dessen kann die Eigenheit des Lebens auch nur vom Tod her verstanden werden. Der Tod ist das Ziel des Lebens so wie umgekehrt das Leben das Ziel des Bewusstseins vom Tod ist.

Die Einsicht in die Endlichkeit an sich ist, soweit Menschen einen gewissen Grad an Bewusstsein erlangen, elementar. Für die Einsicht in die Universalität des Todes als elementare Kennzeichnung des Lebens braucht man die Bibel nicht. Die entscheidende Qualität der biblischen Offenbarung des Mensch-Seins besteht nun allerdings darin, dass diese den Tod entmythologisiert. Auf die schlichte Feststellung, dass ein Mensch sterben muss, kann man unterschiedlich reagieren. Die Frage ist in jedem Fall, *wie* der Tod gedeutet und *wie* mit diesem umgegangen werden kann. Insbesondere stellt sich das Problem, *wie* vom Tod aus das Leben gedeutet wird. Die Antwort darauf wird maßgeblich von der Vorstellung eines möglichen „Jenseits" des Todes mitbestimmt. So kann zum drängenden Problem werden, ob und wie die irdische Existenz in irgendeiner Form ein wie auch immer geartetes Sein jenseits des Todes beeinflussen wird. Die biblische Überlieferung entwickelt hierzu von Beginn an eine nüchterne Perspektive: Ob es ein Sein nach dem Tod gibt und wie dieses beschaffen sein wird, ist dem Menschen verborgen. Es kann eine Hoffnung sein, nie aber eine Gewissheit. Deswegen ist eine notwendige Konsequenz, dass Aussagen darüber – wenn überhaupt – nur in Gestalt von Mythen möglich sind. Das entmythologisierende Potential der biblischen Überlieferung besteht darin, dass in den meisten Texten die Frage nach dem, was nach dem Tod kommt, in den Hintergrund gerückt wird. Es wird sein, was sein wird. So wie auch Gott der sein wird, der er sein wird, wird der Mensch im Jenseits der sein, der er sein wird. In den biblischen Texten wird die Aufmerksamkeit des Menschen auf das Hier und Jetzt gelenkt. Entscheidend ist die Hinwendung des Menschen zu dem, was ihm aufgetragen ist: seine irdische, innerweltliche Existenz, sein Lebenslauf. Das im Horizont der Tora zu gestaltende Leben, zugespitzt im Modell der Nachfolge Jesu, wird als Konsequenz der biblischen Überlieferung zum großen Leitmotiv aller Texte erhoben. Das Ewige als Jenseitiges ist sekundär – selbst unter dem scheinbar jenseitsorientierten Vorzeichen der Auferweckung Jesu, stellt dieses mythische Symbol doch vor allem eine letzte Bekräftigung der Ernsthaftigkeit der Nachfolge Jesu in innerweltlichen Bezügen dar. Das Ewige ist letztlich die Verbindlichkeit des Lebens selbst. Die Predigt der Vertröstung auf Jenseitiges als das eigentliche Ziel des Menschen ist nichts anderes als ein Macht- und Unterdrückungsmechanismus zur Überhöhung innerweltlicher Verhältnisse. Dieser Sachverhalt ist in vielfältigen Variationen zwischen politischer Mystik, Pietismus und Karl Marx durchbuchstabiert worden und braucht mit Blick auf die Hermeneutik des Innerweltlichen hier nicht näher entfaltet zu werden.

Der Lebenslauf als Zeitraum zwischen Geburt und Tod ist der äußere Rahmen für den schlichten Umstand, dass der Mensch sich im Innerweltlichen zu orientieren und zu bewähren hat. Dieses Innerweltliche bekommt in der biblischen Überlieferung die Gestalt der Geschichte. Der Mensch kann, soll und muss sich als ein in Geschichte verwobenes Wesen wahrnehmen. Dabei ist zu berücksichtigen, dass diese

Verwobenheit ein doppeltes Gesicht hat. Der Mensch ist zur Geschichte gleichermaßen befähigt und verdammt. Er ist dazu befähigt, weil Mensch-Sein nach der Bibel auf zwei universalen Eigenschaften basiert, die im nächsten Gedankenschritt eingeführt werden. Er ist zugleich jedoch dazu verdammt, weil diese Eigenschaften auch eine Last darstellen, derer sich der Mensch nur um den Preis seiner Selbstverleugnung entledigen kann. Auch wenn es gerade heute unzählige Wege und Angebote gibt, sich der Geschichte zu entledigen, so sind es gerade diese Wege und Angebote, die die Entfremdung des Menschen aufrechterhalten, stabilisieren und vertiefen.

Die Offenbarung weist dem Menschen in der Bibel zwei Eigenschaften zu, die die formale Begründung der Würde jedes einzelnen Menschen darstellen. Der Mensch ist ein Verstehender und ein Lernender. Dies an sich ist wiederum elementar und offensichtlich, wenn auch oftmals unterschätzt. Die entscheidende Qualifizierung des Verstehens und des Lernens ist, dass beide Formen menschlichen Handelns unter dem Vorzeichen der Entfremdung nie zu einem Ende gelangen und in diesem Sinne festgestellt werden können. Offenheit, Nicht-Abschließbarkeit und eine quälende Freiheit sind nicht nur Chance, sondern vor allem auch der Fluch des Mensch-Seins. Sie sind Ausdruck seiner Entfremdung nach der Vertreibung aus dem Paradies. Keine Idee und keine Kategorien, kein Genuss und keine Form der Gelassenheit kann einen Ausweg aus der endlos offenen Rotationsbewegung bieten, mit der sich der Mensch verstehend und lernend auf die innerweltlichen Verhältnisse einlassen muss. Im gewissen Sinne ist der biblischen Überlieferung eine nüchterne Brutalität eigen, mit der sie den Menschen mittels zahlreicher Bilder die Ausdrucksformen der eigenen Entfremdung und Unzulänglichkeit vor Augen hält. Die Gnadenbotschaft der Bibel besteht gerade darin, dass sie gnadenlos auf die Orientierungsbedürftigkeit in innerweltlichen Bezügen verweist.

Diese Orientierungsbedürftigkeit kommt in der wechselseitigen Angewiesenheit von Verstehen und Lernen zum Ausdruck. Die Tatsache, dass der Mensch seine Existenz in der Geschichte nicht feststellen, sondern den Modus des offenen und
unabschließbaren Verstehens nicht verlassen kann, verlangt
nach der permanenten Überprüfung der eigenen Denk- und
Handlungsmuster, verlangt also mit anderen Worten nach
Lernen. Der Mensch ist als Verstehender auf den Modus des
Lernens angewiesen, um mit der nicht aufhebbaren Unzulänglichkeit seiner Existenz klarzukommen.

Das Vorzeichen des Verstehens ist in der Bibel klar bestimmt:
Es ist im Sinne des Turmbaus zu Babel das Nicht-Verstehen und
damit zugleich die nicht aufzuhebende Angewiesenheit auf
Lernen. So sehr der Mensch unter dem Vorzeichen seiner Entfremdung darauf angewiesen ist, sich selbst, seine Mitwelt und
seine Umwelt zu verstehen, so begrenzt und unfähig ist er gerade in dieser Hinsicht. Deswegen ist er lernbedürftig, unwiderruflich und unabschließbar. Die nie zu einem Endpunkt gelan-
gende Dialektik von Verstehen und Lernen ist die elementarste
Universalie, die das Mensch-Sein als ein Sein in und durch die
Geschichte kennzeichnet. Der Umgang mit Geschichte verlangt nach Verstehen und verweist das Verstehen auf Lernen.
Orientierung für das Lernen geben Rahmungen des Verstehens, die in der biblischen Überlieferung als Tora grundgelegt,
als Prophetie einer fundamentalen Kritik ausgesetzt und in der
Verkündigung Jesu aufgehoben wurden. Das solchermaßen
sich im Lernen konkretisierende Verstehen kann nie zu einem
Ende gelangen. Die dialektische Verschränkung von Verstehen
und Lernen stigmatisiert den Menschen zugleich als für sein
Denken und Handeln verantwortlich. Nur durch diese Verantwortung hindurch sind gleichermaßen Individualität und Sozialität des Menschen zu denken: Individualität begründet vor
Gott und vor der Gemeinschaft, Sozialität begründet vor der
kollektiven Gemeinschaft und der universalen Gesellschaft.

Dies wird in den nächsten Abschnitten noch näher auszuführen sein.

Zusammenfassend kann als Grundgedanke des ersten Gedankenschritts somit festgehalten werden:

Die Bibel als Offenbarung des Mensch-Seins beschreibt den Menschen als ein zur Geschichte befähigtes und zugleich verdammtes Wesen. Der Umgang mit Geschichte wird durch die Verschränkung von Verstehen und Lernen konstituiert. Angesichts der Situation, dass der Mensch in seiner Freiheit zugleich von sich, seiner kollektiven Gemeinschaft und seiner universalen Gesellschaft entfremdet bleiben muss, sind alle Versuche, die Dimension der individuellen Verantwortung für das Verstehen und für das Lernen durch eine Unterordnung unter ein Absolutes aufheben zu wollen, zum Scheitern verurteilt. Keine Idee und keine Kategorien, kein Genuss und keine Form der Gelassenheit kann einen Ausweg aus der endlos offenen Rotationsbewegung bieten, mit der sich der Mensch immer wieder neu verstehend und lernend auf die innerweltlichen Verhältnisse einlassen muss. In seiner Verantwortlichkeit für den Umgang mit der eigenen menschlichen Entfremdung kann sich der Mensch hinter Nichts und Niemandem verstecken. Er bleibt geworfen ins undefinierbare Wagnis des Lebens.

Die Möglichkeit des Menschen zum Umgang mit Entfremdung besteht nach den biblischen Schriften in der Einübung einer innerweltlichen Hermeneutik, mit der sich der Einzelne seiner Verantwortung stellt. Die in den biblischen Schriften selbst angelegte Methode der Entmythologisierung und Entsakralisierung bildet dabei eine Brücke zum Verständnis dessen, was mit dem Verweis auf das „Innerweltliche" dem Menschen aufgegeben ist.

2   In-der-Welt-Sein – Zur Logik des Innerweltlichen

Der hier gewählte Zugang schlägt vor, die Bibel als eine Erzählung vom In-der-Welt-Sein des Menschen zu begreifen. Das ist der Kern der Offenbarung in einer anthropologischen und kulturwissenschaftlichen Lesart. Die Offenbarung bezieht sich darauf, dass der Mensch als ein durch seine Geschichtsbezogenheit geprägtes Lebewesen auf innerweltliche Bezüge ausgerichtet werden soll. In-der-Welt-Sein wird zum einen durch die Differenzierung verschiedener Dimensionen der Geschichtsbezogenheit *sozial* und zum anderen durch die Formen der Selbstdeutung in der Geschichte *individuell* näher bestimmt. In allem bleiben die elementaren Wesensmerkmale des menschlichen Seins das Verstehen und das Lernen.

Dimensionen der Geschichtsbezogenheit

Bei der Frage nach unterschiedlichen Dimensionen der Geschichtsbezogenheit kann an die oben formulierte Denkfigur angeknüpft werden, dass sich Geschichte in der Gestaltung des individuellen Lebenslaufs konkretisiert. Innerweltliche Hermeneutik ist in diesem Sinne auf die Geschichte eines persönlichen Lebenslaufs bezogen. Jenseits unseres Bewusstseins gibt es für uns keine Geschichte. Dies ist belastend und entlastend zugleich. Es ist belastend, weil es dem Menschen Verantwortung für sich selbst zuweist. Es ist zugleich entlastend, weil es unsinnig ist, Geschichte lediglich als Produkt des eigenen Bewusstseins zu deuten. Denn mit dem Verweis auf den Lebenslauf ist natürlich nicht gemeint, dass sich Geschichte in dem je eigenen Lebenslauf erschöpft, in ihm eingesperrt und auf ihn reduziert ist. Zum Ausdruck gebracht wird damit vielmehr der Gedanke, dass sich nach den biblischen Texten die Geschichtsbezogenheit des Menschen in drei Dimensionen realisiert, die im Lebenslauf zusammentreffen. Die drei Dimensionen der

menschlichen Geschichtsbezogenheit können als die adamitische Dimension, die abrahamitische Dimension und die noachitische Dimension unterschieden werden.

Die adamitische Dimension

Der zur Geschichte zugleich befähigte und verdammte Mensch
ist in seinem Verstehen und Lernen zunächst individuell auf
den je eigenen Lebenslauf mit den je eigenen materiellen, physischen wie psychischen Bedingtheiten verwiesen. Leib und
Verstand müssen sich mit dem Vorzeichen Adams (und Evas)
auseinandersetzen, dass das Sein zunächst und vor allem ein
Kampf um Seinssicherung ist. Der Schutz vor sich selbst, vor
seinem Nächsten in der Mitwelt sowie vor den Bedrängnissen
und Katastrophen durch die Umwelt gehört zum Geschäft der
alltäglichen Geschichte. Der Grundzug der Entfremdung begleitet die physischen und psychischen Mühen, dem eigenen
Lebenslauf durch Verstehen und Lernen eine Erzählstruktur,
einen sogenannten „Sinn", abzuringen. Dass der eigene Lebenslauf „ist" und nicht „nicht ist" oder „nicht sein sollte", ist
gerade angesichts der beiden anderen Dimensionen der Geschichtsbezogenheit eine notwendige und doch zugleich der
Verzweiflung ausgelieferte Voraussetzung, diese Dimension
individueller Geschichtlichkeit anzunehmen und zu gestalten.

Die abrahamitische Dimension

Die kollektive Dimension der Geschichte verweist auf die Gemeinschaft derer, die sich in dem von der Bibel als Rückweg
aus der Entfremdung skizzierten Deutungsrahmen bewegen.
Das personifizierte Geschichtssymbol hierfür sind Abraham
und Sarah als diejenigen, die ihr Mensch-Sein vom Motiv eines
Bundes, den das Gegenüber des Ganz Anderen mit den Menschen geschlossen hat, zu verstehen versuchen. Dieser Bund,

in der Tora gegründet, in der Prophetie auf die Fragilität in der Praxis kritisiert und in der Figur der Nachfolge Jesu erneuert und verdeutlicht, stellt das Verstehen und das Lernen in einen Orientierungsrahmen, der einen Auslegungsspielraum des Mensch-Seins umgrenzt. Die biblischen Schriften deuten den Menschen von der Möglichkeit her, sich kollektiv über die Gemeinschaft des Bundes selbst verstehen zu lernen.

Die noachitische Dimension

Die universale Dimension der Geschichte schließlich knüpft an jene Dimension im Motiv der Geschöpflichkeit an, das nicht nur die Individualität des je Eigenen, sondern auch die Sozialität des Universalen als Gesellschaft begründet. Die Möglichkeit, dass Geschichte durch die Sintflut an ein Ende kommt, wird durch den Regenbogen dementiert. Gleichzeitig jedoch wird die Vernichtung allen Lebens als Möglichkeit ins Gedächtnis des Menschseins eingebrannt. Der in Tora, Prophetie und Verkündigung Jesu aufgewiesene Orientierungsrahmen, in dem eine Strategie des Umgangs mit Entfremdung als Möglichkeit des Menschseins entfaltet wird, bezieht sich nicht nur auf das Verhältnis des einzelnen Menschen zu sich selbst und zu denen, die sich dem biblischen Deutungsrahmen zugehörig fühlen. Dieser Orientierungsrahmen verweist den Menschen in seiner Geschichtlichkeit auf die Verantwortung für alle Menschen jenseits aller Selbstdeutungen.

Die Verschränkung der drei Dimensionen, mit denen der Mensch als ein zu Geschichte befähigtes und zugleich verdammtes Wesen gekennzeichnet wird, verlangt nach einer „Kultur der Bildung", in der die kulturkritische Haltung des „innerweltlichen Atheismus" mit sozialpädagogischen Maßstäben kombiniert wird. Der Mensch ist zur Geschichte befähigt, weil er mit den Möglichkeiten des Verstehens und des

Lernens ausgestattet ist. Dieses Verstehen und dieses Lernen können aber nie zu einem Ende kommen. Gerade darin spiegelt sich die gleichzeitige Verdammnis des Menschen wieder, dessen Versuche, eine Erlösung aus der Geschichte zu konstruieren (durch Vorstellungen absoluter Herrschaft ebenso wie durch mentale Fluchtwege in ein besseres Jenseits), sich allesamt als brüchige Illusionen erwiesen haben und auch künftig als solche erweisen müssen. Die Zurückgeworfenheit des Menschen auf sich selbst, auf seine Entfremdung, auf seine offene Grundkonstitution des Verstehens und Lernens als Voraussetzung von individueller Verantwortung lässt die drei Dimension der Geschichtsbezogenheit im Lebenslauf zusammenfließen.

Die Unterscheidung der drei Dimensionen resultiert aus einer doppelten Beobachterperspektive. *Zum einen* wird erkennbar, dass das In-der-Welt-Sein in den biblischen Überlieferungssträngen selbst so unterschieden wird. In diesen drei Dimensionen spiegelt sich die Art und Weise, wie die Bibel die innerweltliche Verfasstheit des Menschen beobachtet. Dabei bildet die abrahamitische Dimension, im Zweiten Testament reformuliert in der Verkündigung Jesu als erneuerter Bund, den Zugang zu den beiden anderen Dimensionen. *Zum anderen* jedoch kann von unserem heutigen Standpunkt aus die Unterscheidung der drei Dimensionen als eine sinnvolle Lesart an die biblischen Schriften herangetragen werden. Wir selbst können beobachten, dass der Mensch als Mensch immer zu sich selbst, zu einer als Gemeinschaft empfundenen partikularen Mitwelt und zu jener schwer greifbaren, gesellschaftlichen Universalität des Mensch-Seins in Beziehung steht. Die Unterscheidung ist grob, sie ist formal und sie ist dennoch nützlich, verweist sie doch auf die elementaren Bezüge des Welt-Verstehens.

An der wechselseitigen Bedingtheit der beiden Beobachterperspektiven wird deutlich, dass die anthropologische und kulturwissenschaftliche Lesart der biblischen Schriften auf einem Zirkelschluss beruht. Der entscheidende Punkt ist, diese

Zirkularität offenzulegen. Denn letztlich ist alles Sein zirkulär, ist alles Verstehen zirkulär – die Frage ist nur, wie offen mit der Zirkularität umgegangen wird. Schlussendlich ist die Zirkularität Ausdruck für die menschliche Entfremdung, nach der es dem Menschen unmöglich ist, aus der Geschichte und der geschichtlichen Bedingtheit seiner selbst herauszuspringen. Ein solcher Sprung würde immer im Nichts enden, so blendend dieses Nichts sich im Augenblick auch darzustellen vermag. Ein Standpunkt außerhalb der Geschichte ist dem Menschen nicht möglich. Der Mensch bleibt verwiesen, er bleibt zurückgeworfen auf sein eigenes Leben, seine eigene Gebundenheit an Leib und Verstand.

Formen der Selbstdeutung in der Geschichte

Die solchermaßen aus der Beobachterperspektive (re)konstruierte Geschichtslogik des Innerweltlichen gilt es nun jedoch vor allem in eine Akteursperspektive umzusetzen. Welche Perspektiven werden für den Umgang mit dem In-der-Welt-Sein formuliert, die zugleich auf die elementaren Herausforderungen, das Verstehen und das Lernen, voraufweisen?

Den Schlüssel bietet wiederum die Grundlage allen Lebens: der Tod. Im Prinzip gilt es, das bereits zuvor Gesagte aus einer anderen Perspektive zu wiederholen, um die existentielle Logik des Innerweltlichen aufzuzeigen. Der Tod ist der Spiegel, in dem sich entscheidet, *wie* das Leben und *als was* das Leben gedeutet wird. Der im Leben nur zu denkende Tod, die Situation des Nicht-Mehr-Lebens eröffnet den nicht zu hintergehenden Bewertungshorizont, von dem aus das Leben seine Funktion erhält. Der Gedanke des Todes nötigt zur näheren Bestimmung dessen, was Leben überhaupt ist, was Leben überhaupt ausmacht, was Leben als Leben begründet. Es geht im gedachten Angesicht dieses unwiderruflichen Zeitpunktes X um die Frage, ob Leben gelebt wurde. Auch diese Perspektive ist an sich selbsterklärend, weil sie anthropologisch elementar ist. In den modernen Heilsversprechungen der konsumistischen Selbsterlösung wird jedoch genau diese für das Leben entscheidende Frage aus dem Leben selbst hinaus gedrängt. Das Leben wird fixiert und reduziert auf eine vermeintlich sich selbst erlösende Gegenwart und das eigentliche Fundament des Lebens, die tödliche Endlichkeit allen Mensch-Seins, aus dem Bewusstsein getilgt. Dennoch sind die lebensspendenden Fragen des Todes unausweichlich. Am Ende stellt sich für jeden Menschen die Aufgabe, in Sekunden auf das Leben zurückzublicken. Und – gewollt oder ungewollt – ist das Leitmotiv der filmischen Rekonstruktion die Frage danach, was denn ein gelungenes Leben ausmacht bzw. ausgemacht hätte.

Das Sterben weist den Menschen im Angesicht des Todes auf sein Leben zurück. Die fiktive Vorwegnahme genau dieser Situation ist Kernbestand aller Deutungsmuster, die Aussagen über den Menschen und das Mensch-Sein an sich treffen wollen. Die biblischen Texte bieten als Deutung des Mensch-Seins den Grundgedanken der Entfremdung und Varianten eines Umgangs mit Entfremdung an. Es geht in letzter Konsequenz um den Umgang mit Fremdheit angesichts der Fremdheit, derer der Mensch gegenüber sich selbst durch die Entfremdung von Gott gewahr wird. Zugeschrieben werden dem Menschen die beiden formalen Eigenschaften, verstehen und lernen zu können. Das Verstehen richtet sich auf die Kompetenz, das In-der-Welt-Sein deuten zu können. Das Lernen bezieht sich auf den Umstand, auf die Diagnose der Entfremdung im biblischen Orientierungsrahmen der Tora mit Veränderung reagieren zu können.

Für die nähere Kennzeichnung des In-der-Welt-Seins ist neben der Unterscheidung der drei Dimensionen von Geschichtsbezogenheit die Verbindung von drei Aspekten der Selbstdeutung entscheidend. Diese drei Aspekte der Selbstdeutung sind die Diesseitigkeit, die Verantwortlichkeit sowie die Entsakralisierung und Entmythologisierung.

Diesseitigkeit

Eine logische Konsequenz aus der fiktiven Todeserfahrung wäre es, die Aufmerksamkeit auf die Zeit nach dem Tod zu richten. Jene Zeit könnte ausgemalt werden in den hellsten oder den dunkelsten Farben. Auf jeden Fall würde die Aufmerksamkeit auf das Verhältnis gerichtet, das zwischen Diesseitigkeit und Jenseitigkeit, zwischen Innerweltlichem und Überweltlichem besteht.[9] Ein solches Verhältnis von Innerweltlichem und Überweltlichem kann dabei unterschiedlich angedacht werden. Die zwei naheliegenden Zugänge wären die Deutungen des Lebens über die Präsenz des Überweltlichen im Innerweltlichen und über die Zukünftigkeit des Innenweltlichen im nachtodlichen Jenseits.

Die erste Perspektive bezieht sich auf die Repräsentanz des Überweltlichen in einer jeweiligen Gegenwart an sich und in Folge dessen auf die Art und Weise, wie und wo sich das Überweltliche zeigt. Dieser erste Zugang betrifft alle Fragen der „Offenbarung" in innerweltlichen Bezügen, die dadurch eine besondere, teilweise absolute Bedeutung und Legitimation erhalten. Klassisch ist damit eine religiöse Überhöhung von Herrschaft, Macht und Unterdrückung verbunden.

Der zweite Zugang der Zukünftigkeit des Innenweltlichen im nachtodlichen Jenseits würde dann in die Frage münden, ob und wie die imaginierte Situation des Jenseits durch die irdische Existenz beeinflusst werden kann. Damit verbunden

---

9   Auch wenn Diesseitigkeit und Innerweltliches sowie Jenseitigkeit und Überweltliches in der Symbolsprache unterschiedliche Akzente haben, so sollen sie im Folgenden aufgrund ihrer Schnittmengen synonym gebraucht werden.

ist in der Regel eine Abwertung des Innerweltlichen bzw. eine Funktionalisierung des Lebens für das Überweltliche.

An beiden Zugängen wird eines deutlich: Die Deutung des Todes und vor allem der auf den Tod folgenden Überweltlichkeit bzw. Jenseitigkeit hat unmittelbare Folgen für die Deutung des Lebens selbst. Diese Denkmuster sind – gerade unter Berufung auf eine vermeintlich „christliche" Botschaft – weit verbreitet. Auch wenn solche Denkfiguren Anknüpfungspunkte an bestimmte Auslegungen vor allem des Zweiten Testaments haben, lässt sich die Bibel in anthropologischer und kulturwissenschaftlicher Hinsicht auch ganz anders lesen. Die biblischen Texte verweisen nach dieser anderen Lesart den Menschen im Angesicht des Gedankenspiels Tod auf das Leben in einer spezifischen Ausprägung der Akzeptanz, des Einlassens, der Verantwortung. Es geht danach in den Texten um die Anerkennung von Weltlichkeit und die konstruktive Auseinandersetzung mit der Grundsituation der Entfremdung. Die Texte verweisen den Menschen auf das Diesseits, auf die innerweltlichen Situationen und Prozesse. Die Fragen des Überweltlichen und Jenseitigen werden zwar nicht vollständig ausgeblendet, rücken jedoch in den Hintergrund. Im Zentrum der biblischen Offenbarung des Mensch-Seins steht das In-der-Welt-Sein unter dem Vorzeichen des Hier-und-Jetzt. Angesichts der Grundanalyse der Entfremdung des Menschen von sich selbst, seiner Gemeinschaft und in gesellschaftlicher Hinsicht wird dem Menschen mit der Tora eine Orientierung am Innerweltlichen aufgetragen, die sich in zwei Hinsichten quasi konstruktiv und dekonstruktiv zu bewähren hat. Dem Menschen wird im Deutungsrahmen der Tora des Ersten und Zweiten Testaments nahegelegt, sich über den konstruktiven Aspekt der Verantwortung einerseits und die dekonstruktiven Formen der Entsakralisierung und der Entmythologisierung dem Innerweltlichen zuzuwenden. Gegen eine Jenseitsorientierung

soll sich der Mensch gerade im Angesicht eines Gedankenspiels
des eigenen Todes dem Diesseits verpflichtet fühlen.

Verantwortung

Die konstruktive Seite der Diesseitsorientierung knüpft an
die sozialpädagogischen Maßgaben der Bibel für die zweite
und dritte Dimension der Geschichtsbezogenheit an. Dabei
kommt der universalen Gesellschaft logisch der Vorrang zu,
auch wenn in der Regel praktisch die kollektive Gemeinschaft
die Basis für das Denken und Handeln sein wird. Die Herausforderung, verantwortlich zu denken und zu handeln, muss
zunächst durch die Anerkennung der menschlichen Entfremdung und damit des Scheiterns als Regelfall der menschlichen
Existenz hindurch. Erst unter diesem Vorzeichen wird eine Balance zwischen den beiden biblischen Grundperspektiven des
Rechts und des Erbarmens denkbar. Im vorliegenden Kontext
kommt es lediglich darauf an, das „Dass" der Verantwortung
neben der Diesseitsorientierung als wesentliches Moment der
Selbstdeutung des Menschen zu benennen. Eine Entfaltung
der verschiedenen Facetten der Verantwortung wird der Skiz-
zierung einer „Kultur der Bildung" vorbehalten bleiben. Auf
jeden Fall ist die Selbstdeutung des Menschen im biblischen
Sinne von einer untrennbaren Verflechtung von Diesseitigkeit
und Verantwortung geprägt, um von dort aus ein Drittes, quasi
als Synthese beider Muster, in den Blick zu nehmen.

Entsakralisierung und Entmythologisierung

Entsakralisierung und Entmythologisierung sind jene Formen der Weltzuwendung, die die Diesseitsorientierung mit der
Verantwortung in einer grundsätzlichen und unaufhebbaren
Haltung der Kulturkritik verbinden. Darin kulminiert die spezifische Form der Geschichtsbezogenheit im biblischen Sinne.

Die Geschichtsbezogenheit wird darin realisiert, dass dem Individuum, dem Kollektiv und der Gattung jene zentralen Eigenschaften zugeschrieben werden, die das Mensch-Sein an sich ausmachen: das Verstehen in Kombination mit dem Lernen als Grundlage für eine Modifikation und Weiterentwicklung des Verstehens. Es geht dabei um eine selbst-bewusste, selbst-reflexive Verflechtung mit Geschichte, in der Prozesse der Entsakralisierung und der Entmythologisierung das Verstehen dekonstruktiv leiten. Wenn die Aufmerksamkeit auf Diesseitigkeit und die (individuelle wie kollektive) Verantwortung des Menschen im Diesseits gerichtet wird, dann wird damit in der Bibel zugleich die Möglichkeit zurückgewiesen, dass sich innerweltliche Strukturen und Prozesse als Repräsentationen des Außerweltlichen, des Ganz Anderen erweisen können. Die daraus resultierende Aufgabe besteht darin, allen Formen solcher religiöser Legitimierung innerweltlicher, diesseitiger Strukturen und Prozesse mit einem grundsätzlich dekonstruktiven Interesse zu begegnen. Das Verstehen und das Lernen sind nie nur konstruktiv gerichtet. Die primäre Aufgabe im Innerweltlichen bleibt immer das dekonstruktive Aufdecken jener Interessen und Selbsterhöhungen, die unter dem Deckmantel einer vermeintlichen religiösen Legitimation versteckt und aus der innerweltlichen Entfremdung in eine Sphäre vermeintlich überweltlicher Unangreifbarkeit verschoben werden.

Zusammenfassend kann als Grundgedanke des zweiten Gedankenschritts somit festgehalten werden:

Die Logik des Innerweltlichen ist einerseits durch die Unterscheidung von drei Dimensionen der Geschichtsbezogenheit des Menschen bestimmt. Diese, aus der Beobachterperspektive formulierte Verflechtung des Menschen in Raum und Zeit korrespondiert in der biblischen Überlieferung mit dem Gedanken, dass die Selbstdeutung des Menschen durch einen differenzierten Umgang mit dem In-der-Welt-Sein bestimmt sein soll. In der Geschichtsbezogenheit können die adamitische Dimension, die abrahamitische Dimension und die noachitische Dimension unterschieden werden. In diesen Dimensionen gilt es, die Entfremdung des Menschen in unterschiedlichen sozialen Bezügen zu bedenken. Reaktionsmuster für den Umgang mit Entfremdung bieten die Formen der Selbstdeutung in der Geschichte. Die Ausrichtung auf Diesseitigkeit, die Anerkennung konstruktiver Verantwortung und kritischer Entsakralisierung bzw. Entmythologisierung leiten über zur näheren Analyse der Grundstruktur einer existentiellen Logik der Hermeneutik.

3 Leben – Zur Logik der Hermeneutik

In anthropologischer und kulturwissenschaftlicher Lesart verweist die Bibel den Menschen auf das Diesseits und die Verantwortung für das Innerweltliche. An dieser Stelle des Gedankengangs gilt es, eine bislang als selbstverständlich mitgeführte Rede in Zweifel zu ziehen und zur Diskussion zu stellen: die Rede von dem Menschen. Vielleicht mag der ein oder andere Leser, die ein oder andere Leserin bis hierhin an der Naivität verzweifelt sein, mit der im vorliegenden Kontext in offensichtlicher Schlichtheit von dem Menschen die Rede war. Solche universalen Redeformen sind aus ganz unterschiedlichen Gründen nicht groß in Mode – zu Recht und doch mit beträchtlichen Nebenwirkungen. Sie sind zu Recht einer fundamentalen Infragestellung ausgesetzt, weil es den Menschen schlicht nicht gibt (und doch paradoxer Weise zugleich geben muss). Diese Einsicht und Ansicht hat Konjunktur. Universalität ist kein Theorie-Liebling der Zeit. Denkende orientieren sich in der Differenz. Das Leitmotiv unserer Gegenwart scheint in diesem Sinne aus Komponenten wie Verschiedenheit, Heterogenität, Diversität zu bestehen. Und das Leitmotiv ist durch ganz offensichtliche Sachverhalte auch gut zu begründen. Die sich ergebende

Plausibilität eines Denkens in Differenz gilt gleichermaßen in individualanthropologischer wie in sozialanthropologischer Hinsicht. Wir sind (in der Regel) einem Geschlecht zugeordnet oder identifizieren uns als ein Gender, kommen aus einem ganz bestimmten Erdkontext mit einer spezifischen ökonomischen und kulturellen Prägung. Verschiedenheit ist offensichtlich. Gerade diese Prägung durch einen Kontext wiederum ist jedoch ebenso relevant wie nichtssagend, kommt es in der Gemeinsamkeit einer Teilhabe beispielsweise an der bundesrepublikanischen Gesellschaft doch wiederum auf die soziale, ökonomische wie kulturelle Position an, die eine Person einnimmt. Verschiedenheit ist offensichtlich. Die Schlussfolgerung der Alltagswahrnehmung lautet: Verschiedenheit lässt sich in unzähligen Variationen und auf ganz unterschiedlichen Ebenen aufweisen und untersuchen. Solche Verschiedenheit gilt es am Ende sogar nicht nur zwischen Personen auszumachen, sondern in einer Person selbst. Die Verschiedenheiten in einer Person resultieren aus den unterschiedlichen Rollen, die eine Person in sozialen Bezügen einnehmen und in sich selbst zusammenbasteln muss. Diese Rollen machen unter Umständen selbst den eigenen Lebenslauf zu einem bunten Flickenteppich an mehr oder minder miteinander verbundenen Verschiedenheiten – in einer Person. Verschiedenheit, Heterogenität, Diversität – die Betonung dieser Aspekte bei der Deutung menschlichen Lebens scheint geradezu ein Monopol darauf zu haben, als zeitgemäß zu gelten. Die Betonung dieser Aspekte führt als latente Botschaft einen normativen Appell mit sich. Der Verweis auf Verschiedenheit enthält – so oder so – ein Werturteil. In der Regel lautet der normative Appell (zumindest in Kreisen von Intellektuellen), dass wir genau diese Verschiedenheit als wertvoll anerkennen sollen.

Ein symbolisches Zauberwort hierfür scheint heute „Alterität" zu sein, weil mit diesem Spiegel ein normativer Appell verbunden werden kann, die Andersartigkeit des Anderen auch anzuerkennen. „Alterität" ist als Verweis auf den materiell Anderen oder den Anderen in seiner sozialen Position zunächst nur ein strukturanalytischer Begriff. Im Kontext der Debatten um Anerkennung rückt der Andere jedoch in die Funktion eines moralischen Appells ein. Das Plädoyer für Anerkennung von Anderen, sei dieses sozialphilosophisch durchgestylt oder alltagspragmatisch als Wertvorstellung ausgerufen, sieht den Anderen als Aufforderung zum moralischen Handeln. Anerkennung nutzt dabei – so ein zentraler Gedanke – allen. Die Anerkennung nutzt denjenigen, denen die Anerkennung ihres So-Seins zuteil wird. Gleichzeitig aber – so die Hypothese – nutzt sie vor allen den Spendern von Anerkennung, weil diese durch einen solch anerkennenden Umgang mit Fremdheit das Eigene in einer modernen, zeitgemäß „guten" Weise zuallererst zu konstituieren vermögen. Indem ich die Andersartigkeit des Anderen anerkenne, füge ich meinem eigenen Denken und Handeln, meinem eigenen Weltwahrnehmen und Weltverarbeiten im positiven Sinne einen Baustein auf Anerkennung basierenden Mensch-Seins hinzu. Auf diese Weise kann ich eine offene, moderne Identität aufbauen, denn eine anerkennende Haltung wird als solche in der Regel als „gut" bewertet. Verschiedenheit wird hier zum Ausgangspunkt einer „positiven" Sozialphilosophie. Salopp formuliert: Verschiedenheit ist gut, ein positiver Umgang mit Verschiedenheit nutzt allen Beteiligten.

Das ist jedoch nur *eine* mögliche Folgerung aus der Annahme, Verschiedenheit betonen zu müssen. Alternative Folgerungen lassen sich jedoch auch leicht denken und im 21. Jahrhundert zunehmend beobachten. Diese Alternative scheint aus verrottet geglaubten Löchern blutgetränkter Vergangenheit hervorzukriechen. Sie sammelt sich unter dem Denkmantel einer internationalen Verständigung über den Unsinn des Internationalen und über die Unverzichtbarkeit einer Betonung des Nationalen. Verschiedenheit kann alternativ eben auch – und sehr leicht – zu einer solchen Begründung einer Andersartigkeit herangezogen werden, vor der wir uns abgrenzen und schützen müssen. Die Mahnung, dass nicht jegliche Form der Andersheit automatisch auch als gut bewertet werden muss, ist zweifelsohne eine notwendige Einschränkung eines unbegrenzt scheinenden Anerkennungsdenkens. Oftmals wird jedoch eine solche kritische Sicht auf Andersheit in der Regel zu pauschaler Ab- und Ausgrenzung genutzt. Dies entbehrt im globalen Horizont gelegentlich nicht einer grotesken Komik, wenn es bei gemeinsamen Mittagessen mit Döner, Sushi, Pizza, Hummus, Falafel oder Couscous einen nationenübergreifenden Konsens darüber gibt, dass es keinen nationenübergreifenden Konsens geben kann. Nation first, Guten Appetit.

Festzuhalten bleibt allgemein: Denken in Verschiedenheit ist eine Münze mit zwei Seiten. Die formale Anerkennung der Andersartigkeit des Anderen hat nicht zwangsläufig eine bestimmte normative Bewertung zur Folge. Die Bewertung der Andersartigkeit ist offen und scheint dem politischen Mehrheitsgeschäft ausgeliefert.

Und was ist mit der Universalität? Hinter der Betonung der Verschiedenheit verflüchtigt sich dieser Gedanke des Mensch-Seins an sich bis hin zur Unkenntlichkeit. Universale Aussagen sind, zumal in interkultureller Hinsicht, heute eher fraglich, unzeitgemäß, uncool. Und dennoch: Bei genauerem Hinsehen wird der an sich elementare Sachverhalt erkennbar, dass gerade die Anerkennung von Verschiedenheit immer den Bezug auf etwas verbindend Gemeinsames, etwas Universales voraussetzt, vor dessen Hintergrund die Verschiedenheiten überhaupt erst miteinander verbunden gedacht werden können. Auch wenn dies allein schon logisch naheliegend ist, macht es politisch Sinn, diesen Aspekt eigens zu betonen. Der die Verschiedenheit qualifizierende Grundgedanke kann nur ein universaler sein. Die Folgen einer Geringschätzung der immer grob hobelnden Universalität sind in der Geschichte und auch in der Gegenwart schnell zu erkennen. Es lassen sich – nicht nur historisch – leicht

Beispiele dafür anführen, dass das Fehlen eines universalen Bewusstseins des Mensch-Seins erst die Grundlage dafür lieferte, Verschiedenheit als Legitimation von Ausgrenzung und Unterdrückung heranzuziehen. Die südafrikanische Apartheid oder aber auch tradierte Geschlechtertypologien „Weiblich-Männlich" früherer Zeiten gehören sicherlich zu den plakativsten Beispielen. Ohne reflektierte Universalität bleibt Alterität der despotischen Diktatur eines politisch frei definierbaren und flexiblen Gutmenschentums ausgeliefert. Alterität kommt damit immer in die Gefahr, zu einer Frage der Definition zu verkommen. Damit können *die* Menschen und *die* Menschenrechte aber nicht leben. Partikularität und Universalität als miteinander konkurrierende anthropologische Leitmotive sind Deutungsmuster des einen Mensch-Seins, die aufeinander angewiesen sind.

Wenn wir vor dem Hintergrund dieser allgemeinen Überlegungen jetzt noch einmal neu danach fragen, welche spezifischen Aspekte die biblische Überlieferung in die Bestimmung des Mensch-Seins einbringt, treffen wir auf eine Ansammlung zum Teil paradoxer Motive. Das grundlegende Motiv der Schöpfungsgeschichte verweist darauf, dass Universalität und Partikularität eine unterschiedliche Funktion in der Bestimmung des Mensch-Seins haben. Partikularität ist im Schöpfungsmythos insofern angelegt, als Gott den Menschen als Mann und Frau schuf. Gleichzeitig wird in dieser Verschiedenheit eine Universalität dadurch ausgedrückt, dass der Mensch allen anderen Ebenen der Schöpfung als der Freie und potentiell Gestaltende gegenübergestellt wird. Diese Freiheit gilt mit Blick auf Tiere ebenso wie auf Pflanzen oder die Natur insgesamt. Eine wesentliche Veränderung erfährt die Relation von Verschiedenheit und Gleichheit aller Menschen jedoch in der Selbsterhebung des Menschen, durch die Teilhabe an den Früchten vom Baum der Erkenntnis so sein zu wollen wie Gott. Diese Situation mündet bekanntlich in der Vertreibung aus dem Paradies.

Dies ändert alles. Universalität und Partikularität sind nur
noch gebrochen denkbar. Der Mensch als zugleich universales und partikulares Wesen ist in seiner Freiheit künftig
nur durch die Einkleidung einer existentiellen Entfremdung
denkbar und deutbar. Das Symbol hierfür ist insbesondere die
Unfähigkeit zur sprachlichen Kommunikation im Gefolge des
gescheiterten Turmbauprojekts zu Babel. Eine dramatische-
re Zuspitzung der Verschiedenheit als ein Grundproblem des
Mensch-Seins lässt sich kaum denken. Kaum ein Motiv der Bibel ist so realistisch wie dieses. Der Schleier der Entfremdung,
der jede einzelne menschliche Existenz ebenso umschlingt wie
jegliche Form von Sozialität, kann nicht abgeworfen und hinter
sich gelassen werden. Der Schleier der Entfremdung bleibt die
unablegbare Einkleidung des Menschen in seiner individuellen und sozialen Existenz: Mord, Unfähigkeit, die Zeichen der
Natur zu lesen, unüberbietbare Hybris und zerstörte Kommunikation. Die Bilder sind nicht nett, aber deutlich. Insbesondere
die Universalität des Mensch-Seins steht unter dem einen Vorzeichen: Entfremdung. Und von diesem Vorzeichen aus ergibt
sich die eine große Aufgabe, die eine große Vision, mit der die
biblischen Schriften von Abraham bis zum Abendmahl den
Menschen auf das Innerweltliche verweisen: die Suche nach
Umgangsformen in einer entfremdeten Existenz, in der mit
Hilfe der Erinnerung an die Universalität der Entfremdung
eine Kultur der Anerkennung aufgebaut und so – quasi als Synthese – eine Universalität der Gleichheit, der gleichen Würde
und Rechte aller Menschen in einer neuen Qualität begründet
werden kann.

Positive Universalität – wenn wir den Verweis auf Menschen-
würde und Menschenrechte einmal so bezeichnen wollen – ist
nur durch die Anerkennung der Entfremdung als negative
Universalität und die darauf reagierenden Strategien einer immer wieder neu zu suchenden theoretischen wie praktischen
Anerkennung möglich. Die negative Universalität findet in

der Praxis einer Kultur der Anerkennung von Verschiedenheit ihre Antithese, um von dort aus zur positiven Universalität der Menschenwürde und Menschenrechte zu gelangen. Diese dialektische Denkweise ist der Bestimmungskontext, in dem die Grundeigenschaft der Geschichtsbezogenheit und die Elementarausstattung des Menschen mit den Fähigkeiten des Verstehens und Lernens innerhalb der biblischen Schriften in ihrer Konsequenz erst verständlich werden.

Verstehen und Lernen konstituieren den Auftrag des Menschen zur innerweltlichen Hermeneutik in dieser Verschränkung von Universalität und Partikularität. Anders formuliert: Das Innerweltliche, das In-der-Welt-Sein wird durch Hermeneutik als Lehre vom Verstehen (seines Selbst) erst ermöglicht und über Lernen konkretisiert. Die Logik der innerweltlichen Verfasstheit des Menschen wird dadurch zugespitzt, dass Entfremdung und daraus resultierende Absurdität des Seins dem Menschen nicht nur in sozialen Beziehungen gegenüberstehen, sondern in jenen Phasen des Todesbewusstseins die Wahrnehmung der eigenen Existenz bestimmt. Im fiktiven Gedankenspiel des eigenen Todes werden die meisten Dinge und Bedeutsamkeiten des Alltags in ihrer Fragilität und Absurdität offensichtlich. Im Spiegel dieser, in der Regel seltenen Ausnahmesituation des Umgangs mit sich selbst kann der Mensch zu der Einsicht vordringen, dass Partikularität eine Art paradoxes Pendant zur eigenen Universalität ist. Die Teilhabe am Gattungswesen Mensch wird überformt durch Ansprüche auf individuelle Bedeutsamkeit, die den Menschen angesichts des Todes von sich selbst entfremden. Darin kulminiert die Absurdität im je eigenen Sein. Das absurdeste Schauspiel des eigenen Lebens ist oftmals das eigene Leben selbst. Der Mensch erlebt in sich selbst (eingestanden und reflektiert oder latent mitgeführt) eine Gleichzeitigkeit von Entfremdung und Geschöpflichkeit. Der Ausweg, den die biblischen Schriften dem Menschen nahelegen, ist die Einsicht, dass eine zentrale Aufgabe

des Lebens die Befreiung von sich selbst ist. Unbedingt zu betonen ist an dieser Stelle, dass diese Befreiung nicht destruktiv,
sondern mit dem Verweis auf ein verantwortliches Einlassen
auf die Diesseitigkeit in den biblischen Schriften konstruktiv
gemeint ist. Im Durchgang durch die Anerkennung von Entfremdung als Grundwort sowohl der sozialen Beziehungen zu
anderen als auch der Beziehung zu sich selbst geht es um Orientierungen, die beispielsweise als Balance von Erbarmen, Recht
und Kult realisiert werden sollen. Dieser konstruktive Grundton der biblischen Überlieferung basiert auf dem Anerkennen
der Entfremdung. Dieser konstruktive Grundton appelliert an
den Menschen, sich als ein Verstehender verstehen zu lernen.
Das Verstehen kann und muss über Lernen offen und unabschließbar gehalten werden, will der Einzelne nicht sich selbst
und seine Weltwahrnehmung vergötzen. Alle empirische Feststellung ist und bleibt Götzendienst, die nichts anderes ist als
der Versuch einer Flucht aus einer Wirklichkeit, die offen und
potentiell immer gefährdet ist durch Ausbrüche des Absurden
in einem ansonsten durch Gewohnheit sicher scheinenden
Alltag. Der Mensch als ein in diesem Sinne zu innerweltlicher
Hermeneutik Befähigter ist zugleich ein auf Hermeneutik
Angewiesener – dies ist der Kern der biblischen Offenbarung
des Mensch-Seins in individueller, kollektiver und universaler Hinsicht. Hermeneutik ist damit zugleich jene Basis in der
Lehre vom Menschen, die als praktische Umsetzung von Freiheit und Verantwortung den Kampf mit der realen Entfremdung allen Seins aufnimmt. Dieser Kampf hat – wie bereits
angedeutet – eine konstruktive und eine dekonstruktive Seite.
Die konstruktive Seite verweist die innerweltliche Hermeneutik auf eine „Kultur der Bildung", die dekonstruktive Seite auf
den „Innerweltlichen Atheismus". Träger von allem bleibt der
Mensch als ein zu Verstehen Befähigter und auf das Verstehen
Angewiesener, der sich in den drei Dimensionen der Selbstbe-
zogenheit, des Kollektivs und der Gattung zu bewähren hat.

Zusammenfassend kann als Grundgedanke des dritten Gedankenschritts somit festgehalten werden:

Nach der Logik der hier skizzierten Hermeneutik ist das Leben auf Verstehen hin angelegt, das Verstehen aber ist auf Lernen angewiesen. Ohne Lernen kann sich das Verstehen nicht auf das Innerweltliche einlassen, weil das Innerweltliche von Entfremdung und der zu jedem Zeitpunkt aufbrechen könnenden Realität des Absurden bestimmt ist. Darauf kann Verstehen nur mit Lernen als Modus der Veränderung von Denken und Handeln reagieren. Vor diesem Hintergrund erfährt der Mensch Partikularität und Universalität als eine dialektische Verschränkung in sich selbst, insofern im Gedankenspiel des eigenen Todes Geschöpflichkeit und Entfremdung auf die Konsequenzen für die Bedeutsamkeiten des Alltags sichtbar werden. Das aber setzt immer die Einsicht in die Grundverfasstheit allen Lebens als entfremdet voraus – und dies ist bekanntlich nicht jedermanns Geschmack.

4   Innerweltliche Hermeneutik

Innerweltliche Hermeneutik ist die *methodische* Konsequenz einer anthropologischen und kulturwissenschaftlichen Lesart der Bibel. Es ist insofern eine *methodische* Konsequenz, als von dort aus Anthropologie als Bildung und Kultur als Kulturkritik in den Blick genommen werden. Es geht methodisch im Sinne der innerweltlichen Hermeneutik darum, mit den in der biblischen Überlieferung skizzierten Orientierungsrahmen zum Umgang mit Entfremdung, also der Auslegung der Tora, innerweltliche Prozesse lesen zu lernen. Es ist eine Form der Selbstdisziplinierung und Selbstregulierung, die mit ihrer Ausrichtung auf das Diesseits gleichzeitig in direktem Widerspruch zu einer Flucht in empirische oder jenseitige Gewissheiten steht.

Ein solches Einlassen auf die Herausforderungen im Hier und Jetzt ist grundsätzlich skeptisch gegenüber allen religiösen

Überhöhungen innerweltlicher Strukturen und Prozesse. Die biblische Überlieferung führt logisch zum innerweltlichen Atheismus und es ist – wie bereits Ernst Bloch bemerkt hat – vielleicht nur eine solche biblische Dialektik von Entfremdung und Orientierung, die einen Atheismus im letzten Sinne überhaupt zu begründen vermag. Vieles, vielleicht alles andere, was unter der Kennzeichnung „Atheismus" sich präsentiert, ist von der innerweltlichen Hermeneutik aus betrachtet nichts anderes als Kryptoreligion und Kryptoreligiosität. Das wird als innerweltlicher Atheismus noch näher zu entfalten sein. Hier ging es zunächst nur um den Gedanken, dass innerweltliche Hermeneutik den Menschen auf eine aktive Auseinandersetzung mit dem Absurden verweist. Von dem Absurden ist das eigene Selbst nicht ausgenommen. Die biblische Strategie für den Umgang mit dieser Situation verweist den Menschen auf die Anerkennung der eigenen Entfremdung, die durch Nichts und Niemanden aufgehoben werden kann. Es gibt ein richtiges Leben nur in diesem einen, umfassend falschen Leben. Das ist eine realistische Anthropologie, die weder die Wirklichkeit religiös mit falschen Gewissheiten übertüncht, noch die Flucht in jenseitige Illusionen predigt.

Innerweltliche Hermeneutik als Methode der Seinswahrnehmung zielt genau auf das: das Einlassen auf das Diesseits unter dem Vorzeichen radikalster Entfremdung des Menschen von sich selbst. Mit der Entfremdung verbunden ist die potentielle Herrschaft des Absurden, gegen die der Mensch sich nur verstehend und lernend wehren kann.

In einem solch verstehenden und lernenden Verhalten fließen die drei Dimensionen der Geschichtsbezogenheit im Lebenslauf zusammen. Der Lebenslauf wieder steht unter den konstruktiven Vorzeichen von Freiheit und Verantwortung, für welche die biblischen Texte mit ihren verschiedenen Auslegungen der Tora dem Verstehen und Lernen entlastende Orientierungsrahmen bereitstellen. Denken muss bei alledem aufgrund der Prämisse der Unhintergehbarkeit des Verstehens immer Fragment bleiben, weil die Geschichte offen und das Individuum beschränkt ist. Letzteres gilt in besonderem Maße natürlich für den hier entfalteten Gedankengang.

Die Differenz – Kommunikation und die Grundlegung des Verstehens[1]

1 Prolog – Hermeneutische Annäherungen zwischen Turmbau und Pfingsten

Ein Zugang zur Deutung des Heiligen Geistes mit Blick auf Prozesse wie Erziehen und Lehren kann nur im Durchgang durch Fragen der Anthropologie gewonnen werden. Diese Fokussierung muss keineswegs notwendig zu einer Ausrichtung oder gar Reduzierung der Pneumatologie auf Religiosität als menschliches Sinnbedürfnis führen. Ganz im Gegenteil wird sich zeigen lassen, dass von der Deutung des (lernenden und erzogen werdenden) Menschen aus der Heilige Geist in einer neu akzentuierten Weise als das Unverfügbare, Fremde und als die Repräsentation des „ganz Anderen" in den Blick zu kommen vermag.

Damit knüpft dieser Zugang an eine (Be-)Deutung des Heiligen Geistes an, in der gerade der Erfahrungsbezug in einer spezifischen, den Menschen Freiheit verleihenden Weise als konstitutiv für eine zeitgemäße Pneumatologie hervorgehoben wurde. Entwickelt wurde ein solches Deutungsmuster unter anderem im Rahmen der feministischen Theologie oder im Kontext der Befreiungstheologie, aufgenommen im deutschen Sprachraum z.B. von Jürgen Moltmann. Damit verbunden waren jeweils spezifische Frontstellungen gegenüber der tradierten Pneumatologie. Für eine solche Betonung des Erfahrungsaspektes stehen beispielsweise die Ausführungen

---

[1] Die Studie erschien zuerst unter dem Titel „Die Differenz – Perspektiven einer kommunikativ-advokatorischen Pneumatologie" im Jahrbuch für Biblische Theologie, Band 24, mit dem Themenschwerpunkt „Heiliger Geist" (Neukirchen 2011, 369-397). Ich danke dem Neukirchener Verlag für die Genehmigung des unveränderten Abdrucks.

von José Comblin in seinem Buch „Der Heilige Geist". Comblin sieht in einem vor allem von der westeuropäischen Theologie vertretenen „Christomonismus" eine erfahrungsfeindliche Frontstellung und damit eine zu überwindende Denkstruktur. Dieser Christomonismus habe sich vor allem in einer Ekklesiologie niedergeschlagen, nach der die Kirche keine weitere Aufgabe habe, „als die Verbindung zwischen den Christen und Christus herzustellen."[2] Der notwendige Paradigmenwechsel im theologischen Reflektieren und Handeln ziele auf die mit der Betonung des Heiligen Geistes verbundene Hinwendung zum Konkreten und Erfahrbaren. Denn „allein gelebte Erfahrung vermag Interesse zu wecken und gegebenenfalls zu überzeugen. Diese Überzeugung breitet sich zunehmend aus."[3] Erwartet wird von einer solchen Neuakzentuierung innerhalb des christlichen Gottesverständnisses eine neue Möglichkeit gelebten Glaubens und der Einbindung des Glaubensbekenntnisses in den Alltag.

Die Differenzen zu traditionellen Deutungsmustern des Heiligen Geistes im Rahmen der trinitarischen Rede von Gott sind deutlich. Von der auf das Wesen Gottes gerichteten Funktionsanalyse des Heiligen Geistes in der „immanenten Trinität" ist dieser Zugang offensichtlich verschieden. Unterschieden werden muss diese Akzentuierung jedoch auch von der auf die Wirkung Gottes (durch den Heiligen Geist) gerichteten „ökonomischen Trinität", insofern dieser Topos den Menschen in der Regel „lediglich" als Empfänger von Geist-Gaben in den Blick nimmt. Worin besteht nun das Neue, das Alternative oder Ergänzende? Die vielleicht als kommunikativ-advokatorisch zu bezeichnende Pneumatologie fügt dem letztgenannten Deutungsmuster zweierlei hinzu: die Orientierungs- und

---

2 J. Comblin, Der Heilige Geist. Gott, der sein Volk befreit (BThB), Düsseldorf 1988, 32.
3 Comblin, Geist, 37.

Kommunikationsbedürftigkeit des Menschen (vom Menschen aus betrachtet) einerseits – ohne in dieser (zwangsläufig) aufzugehen – und die Parteilichkeit Gottes durch das Wirken des Heiligen Geistes in diese Orientierungs- und Kommunikationsbedürftigkeit hinein andererseits. Der zentrale Punkt ist die Kommunikationsfähigkeit, ist die Sprachfähigkeit des bzw. der Menschen – Kommunikationsfähigkeit nicht um ihrer selbst willen, sondern als Elementarbedingung der menschlichen Sozialität, die von der biblischen Überlieferung beider Testamente als Strukturzusammenhang von Erbarmen, Recht und Kult näher qualifiziert werden kann[4]. Dieser im Folgenden noch näher zu entfaltende Strukturzusammenhang ermöglicht einerseits ein In-Sprache-Bringen des Unausgesprochenen bzw. des Unaussprechbaren, schlechthin des Unverfügbaren. Zugleich verweist dieser Zusammenhang auf eine Konkretion menschlicher Erfahrung, in der christlicher Glaube und Alltagserfahrung im Angesicht des Unverfügbaren in der Ausgestaltung von Sozialität aufeinander treffen und (wechselseitig) kritisierbar werden.

Im Hintergrund dieses hermeneutischen Zugangs stehen – wie sollte es anders sein – Interpretationen der zwei für die menschliche Sozialität zentralen biblischen Geist-Überlieferungen, deren eine auch als Entzug oder Verlust der Kommunikationsfähigkeit und deren andere als Gabe und Re-Fundierung einer ebensolchen gelesen werden können. Für die hier entwickelte Perspektive spielt es dabei eine nicht unwesentliche Rolle, in welchen Deutungshorizont insbesondere die zweite Geschichte gestellt wird.

Bei der ersten Geschichte, der Überlieferung vom Turmbau-Kollektiv in Gen 11,1–9, ist es der Entzug der

---

4   Vgl. M. Welker, Gottes Geist. Theologie des Heiligen Geistes, Neukirchen-Vluyn ⁴2010; zur weiteren Bedeutung dieses Zusammenhangs siehe Abschnitt 3.

Kommunikationsfähigkeit, der gesamtbiblisch zugleich als ein Entzug oder eine Verweigerung eines Heiligen, kommunikations- und sozialitätsstiftenden Geistes angesehen werden kann. Inwieweit es sich hier um den Entzug „des" Heiligen Geistes, der im Ausgang und als Teil der trinitarischen Rede von Gott zu verstehen ist, handelt, mag systematisch-theologisch erörtert werden. Im Hinblick auf Theorie und Praxis der Kommunikation ist die Aussagerichtung klar: Kommunikation und damit Sozialität werden in einer neuen Qualität fragil, zerbrechlich und unberechenbar. Verständigung unter den Menschen und mit Gott steht unter dem Vorbehalt einer spezifischen Qualität von Entfremdung. Diese Entfremdung aber ist universalanthropologisch gedacht, sie betrifft alle Menschen. Unverzichtbar werden nach der Turmbau-Konsequenz einer universalen Sprachverwirrung Modelle, wie mit diesem bis in die Ausgestaltung von Sozialität hinein reichenden Defizit umgegangen werden kann. Welchen Rückweg aus dieser Entfremdung[5] kann es geben? Wodurch ist der Lernweg gekennzeichnet, der den Menschen ein Leben im Angesicht des Turmbaus möglich macht? Zwei Makroperspektiven zeichnen sich biblisch ab. Eine erste, quasi didaktische Gabe zum Umgang mit diesem prinzipiellen, strukturellen Kommunikationsdefizit und zu seiner Bewältigung ist von der hebräischen Überlieferung aus das „Gesetz" im Sinne einer Absteckung von Grenzen, innerhalb derer gelingendes Leben trotz und im Angesicht der Entfremdung möglich ist. Der Verlust der Kommunikationsfähigkeit ist universalanthropologisch, die didaktische Strategie des Umgangs mit diesem Verlust ist explizit universalexemplarisch, modellhaft für die menschliche Existenz insgesamt, auch wenn die Reichweite augenscheinlich „nur" auf das Volk Israel begrenzt ist. In der hebräischen Überlieferung schwingt

---

5   Vgl. G. Buck, Rückwege aus der Entfremdung. Studien zur Entwicklung der deutschen humanistischen Bildungsphilosophie, Paderborn 1984.

jedoch – systematisch betrachtet – immer auch eine universale Dimension (Gen 12,3b) mit, die ihre Erfahrungsbasis in einer anthropologischen Zugangsweise zum Thema des das Leben erneuernden Geistes hat.

Das Bild des Pfingstgeschehens – und dies ist für Lernen und Bildung ebenso bedeutsam wie der Ausgangspunkt im Turmbauprozess – stellt in der griechischen Überlieferung die radikale Aufhebung dieser Entfremdung dar – im vorliegenden Zusammenhang zu deuten als eine neue, erneuerte, nicht-entfremdete Qualität von Kommunikation der Menschen untereinander und der Menschen mit Gott bzw. Gottes mit den Menschen. Zumindest der Potenz, wenn auch nicht der Aktualität nach ist hier eine, ist hier „die" neue Wirklichkeit vor Augen gestellt. Die dabei entscheidende Frage aber ist die nach der Reichweite dieser verheißenen Gabe. Das Pfingstgeschehen als Geschenk einer neuen, erneuerten Kommunikationsfähigkeit ist eine Basis für was und für wen? Für eine ekklesiologisch-zentrierte Zugangsweise zum Heiligen Geist, wie sie paradigmatisch von breiten Strömungen der Orthodoxie reklamiert wird, oder für eine neue universalanthropologische, die Grenzen des Kirchlichen übersteigende Kommunikationsbefähigung, für die bestimmte befreiungstheologische Positionen optieren? Darauf wird im letzten Abschnitt eingegangen werden.

Vor dem Hintergrund dieser theologischen Rahmung zwischen Turmbau und Pfingsten sollen jetzt Elementarprozesse des Pädagogischen in den Blick genommen werden, die unter dem Vorzeichen der Frage nach Möglichkeiten und Begrenzungen menschlicher Kommunikationsfähigkeit stehen. Die Spannung sowohl zwischen Turmbau und Pfingsten als auch die in der Deutung des Pfingstgeschehens selbst müssen dabei als Merkposten im Gedächtnis bleiben. Denn verbunden ist mit diesem Spannungsgefüge immer auch die Frage, worauf sich kulturelle Universalien wie Erziehung und Lehre zu richten haben, wo ihr eigentlicher Kern liegt und welche Grenzen der

Zuständigkeit sie zu berücksichtigen haben. In der Perspektive einer kommunikativ-advokatorischen Pneumatologie wird zwar das Anliegen, in einer eher binnenkirchlichen Orientierung die Reproduktion des kirchlich-christlichen Gedächtnisses zu erwirken, eine zentrale Rolle behalten können und müssen. Darüber hinaus geht es jedoch gerade mit Blick auf Kommunikation und Sozialität auch um Mehr und Anderes, nämlich um die Konstitutionsbedingungen von Elementarprozessen wie Bildung und Erziehung selbst.

2 Die Differenz – Didaktik zwischen Passung und Wahrnehmung

Das im engeren Sinne religionspädagogische Nachdenken beginnt mit einer geradezu banalen Beobachtung: Die Differenz ist konstitutiv für den Menschen und dessen Lernweg. Lernen und Lehren sind ohne die Problematik der Differenz nicht zu thematisieren. Wahrscheinlich kommt dem Nachdenken über die Differenz sogar die Rolle des eigentlichen Ausgangspunkts der Didaktik zu. Der Sachverhalt ist letztlich im Kern immer der gleiche: Vom Lernenden wie vom Lehrenden aus betrachtet, steht im Zentrum didaktischer Überlegungen die Differenz – jenseits der vieldiskutierten Alternative von Aneignung und Vermittlung[6]. Die Sprachbilder für dieses Phänomen können sehr unterschiedlich sein. Sie reichen von der Rede über den „fruchtbaren Moment im Bildungsprozeß"[7] in handlungstheoretischer Absicht bis hin zur Beschreibung als Problem der strukturellen Kopplung im systemtheoretischen Sprachspiel[8].

---

6   Vgl. U. Becker/Ch.Th. Scheilke (Hg.), Aneignung und Vermittlung. Beiträge zu Theorie und Praxis einer religionspädagogischen Hermeneutik, Gütersloh 1995.
7   F. Copei, Der fruchtbare Moment im Bildungsprozeß, Heidelberg [9]1969.
8   So wurde dieser Aspekt unter anderem unter dem Stichwort des „Technologiedefizits" behandelt; vgl. N. Luhmann/K.E. Schorr, Das

Dabei lassen sich verschiedene Binnendifferenzierungen vornehmen. Die Bedeutung der Differenz in den Prozessen des Lehrens und Lernens kann zum einen als zu bewältigende Herausforderung und zum anderen auf den kleinsten operativen Nenner hin betrachtet werden.

a) Die zu bewältigende Herausforderung verweist auf das Problem der Passung: Wie verhält sich das Lehren als Angebot und Strategie sowie das Lernen als Disposition und Befähigung zueinander? Die letztgenannte Unterscheidung beim Lernen verweist darauf, dass bei der Diskussion der zu bewältigenden Herausforderung mindestens zwei Dimensionen ineinander verwoben sind: die fundamentaltheoretische Frage nach der Verfasstheit des Menschen als Lernwesen und die eher technische Frage nach der methodischen Abstimmung von Lehren und Lernen angesichts der Freiheit der Lernenden.

b) Neben der Passung als einer Sichtweise auf die „Differenz", in der die Verschiedenheit der beiden Pole diskutiert wird, kann jedoch auch nach dem Dazwischenliegenden gefragt werden. Diese Frage richtet die Aufmerksamkeit auf den kleinsten operativen Nenner, auf die formale Struktur in der Verbindung zwischen den beiden Polen, die hier als „Wahrnehmung" grob skizziert werden soll. Wahrnehmung in diesem allgemeinen Sinne konstituiert gemeinsam mit dem Problem der Passung jenen Rahmen, in welchem im nächsten Schritt nach dem Wirkraum von (Heiligem) Geist in pädagogischen Prozessen gefragt werden kann. Dieser Wirkraum aber ist die Differenz.

Diese beiden Grundperspektiven können wie folgt vertieft und entfaltet werden:

Zu a): Blickt man zunächst auf die Frage der Passung, so hängt in fundamentaltheoretischer Hinsicht die Einschätzung

---

Technologiedefizit der Erziehung und die Pädagogik, in: dies. (Hg.), Zwischen Technologie und Selbstreferenz. Fragen an die Pädagogik, Frankfurt 1982, 11–40.

der Problemhaltigkeit ganz elementar von anthropologischen Leitvorstellungen ab. Bilder der Verfasstheit des Menschen prallen hier aufeinander. In einem typologischen Holzschnitt könnte man die Extreme so kennzeichnen: Auf der einen Seite wird mit Blick auf die den Lernprozessen zugrunde liegende Kommunikation darauf verwiesen: Man kann nicht nicht (pragmatisch erfolgreich) kommunizieren, und zumindest in diesem Sinne passt schon immer irgendwie irgendetwas im kommunikativen Miteinander. Die menschliche Disposition ist auf Kommunikation ausgerichtet und diese Befähigung ist im Grundsatz bei allen Menschen vorhanden. Auf der anderen Seite wird zur Geltung gebracht, dass der Regelfall gerade darin besteht, dass es eben nicht passt. Kommunikation ist alles andere als selbstverständlich, gelingende allzumal. Im Hintergrund steht hier eine pessimistischere Anthropologie, die – so könnte man analog zu den mythologischen Vorgaben der Bibel formulieren – davon ausgeht, in den Lernenden Geschöpfe nach der Vertreibung aus dem Paradies und vor allem der misslungenen Turmbau-Aktion vor sich zu haben. Hier wird keineswegs davon ausgegangen, dass gelingende Kommunikation das Selbstverständliche ist. Ganz im Gegenteil: Ausgangspunkt und Regelfall dieser Sichtweise sind vielmehr, dass Kommunikation unter dem Vorzeichen der Entfremdung, der gestörten Sozialität steht. Oder salopp formuliert: dass es nicht klappt – oder zumindest nicht so einfach und problemlos. Und der Blick wird dementsprechend auf die Klärung der Frage zu lenken sein, wie mit diesem Nicht-Klappen umgegangen werden kann bzw. soll und wie es unter Umständen minimiert werden kann. Die Frage der Passung bzw. Nicht-Passung berührt in dieser Hinsicht das dem pädagogischen Handeln zugrunde liegende Menschenbild – die Spielarten zwischen Pessimismus und Optimismus, von Entfremdung und Vernunftbegabung sind dabei in der Geschichte der Pädagogik hoch ausdifferenziert, die hier vorgenommene Typologie nur aus didaktischen Gründen in ihrer Grobheit zu entschuldigen. In der Konsequenz werden daran jedoch zwei für die Alltagserfahrung markante Deutungsmuster deutlich. Ob sich Menschen im Regelfall über eine ihnen innewohnende Vernunft (oder Ähnliches) verstehen oder eine solche Verständigung unter dem Vorzeichen von Entfremdung und gebrochener Sozialität (klassisch: Erbsünde) gerade eine permanente Gefährdung und zentrale Herausforderung menschlichen Handelns darstellt – dies berührt die Tiefendimension der Anthropologie.

Doch auch in einem ganz nüchternen, elementardidaktischen Sinne spielt Differenz in Lehr-Lern-Prozessen eine zentrale Rolle – jenseits aller Menschenanschauungen. Der Verweis auf Nicht-Passung als theoretisch anzunehmenden Regelfall scheint an eine schlichte Erfahrung pädagogischen Handelns anknüpfen zu können, die insbesondere im Hinblick auf Didaktik vielfach diskutiert wurde. Im (schul)pädagogischen Kontext wurde hierfür die Signatur der „didaktischen Differenz" etabliert. So hat Klaus Prange beispielsweise im Hinblick auf die Relation von Lehren und Lernen darauf hingewiesen, dass eine Differenz bleibt „zwischen dem, was als Lehre gelernt und damit wiederholbar, prüfbar und vorhersehbar angeeignet wird, und der betroffenen Selbsterfahrung, auf die das Lehren doch im erziehenden Unterricht angelegt ist. Diese uneingelöste Latenz in der Instruktion soll ‚didaktische Differenz' genannt werden."[9] Es gehe also darum, dass das in Form von Themen, Verfahrensweisen, Beispielen und Lehrmaterial aller Art, von Sozialformen und Aktionsformen Gelehrte „immer nur durch ein Subjekt eingelöst werden [kann], das sich im Lernen zu sich selbst verhält."[10] Die Lernenden seien in ihren Rezeptionsmöglichkeiten zwischen Annahme und Verweigerung eben

---

9   K. Prange, Latente Erfahrung. Erziehung zwischen Instruktion und Motivation (1985), in: ders., Pädagogische Erfahrung. Vorträge und Aufsätze zur Anthropologie des Lernens, Weinheim 1989, 175–185, hier 181.

10 Prange, Erfahrung, 182.

nicht ohne die ihnen eigene Freiheit zu verstehen, innerhalb
derer die Passung gemäß der Intention der Lehrenden zwar ge-
lingen kann, keineswegs jedoch muss. Insofern ist auch Erziehung „kein prometheisches Machen, sondern sie appelliert an
eine ‚poetische' Rezeptivität, ohne die überhaupt nicht gelernt
wird."[11]

Zu b): Wenden wir uns nun dem Dazwischenliegenden zu,
so liegt es nahe, etwas Schwaches, weitgehend Unbestimmtes
für die Beschreibung des Zwischenraums, quasi der „Verbindung" zwischen den differenzbildenden Polen, zugrunde zu le-
gen. Diese Verbindung kann in einem solch allgemeinen Sinne
als „Wahrnehmung" bezeichnet werden – Wahrnehmung, die
wiederum auf die Grundschicht von Kommunikation verweist.
Kommunikation bedarf nicht nur unterschiedener Kommuni-
kationspartner, sondern irgendeiner Form von Inhalt, von Repräsentation eines Auszudrückenden. Ohne an dieser Stelle auf
die Unterscheidungen dieser Ausdrucksformen zwischen Zeichen und Symbol oder die Variationen der Hermeneutik eingehen zu können, aber auch zu müssen, kann dann das Prozess-
geschehen im Wirkraum, der hier als Differenz gekennzeichnet
wird, als das Aufeinandertreffen von „Wahrnehmen-Lassen"
und „Wahrnehmen" gekennzeichnet werden. Dieses Aufeinandertreffen bildet zugleich die notwendige Voraussetzung
von Kommunikation – und genau dieses Aufeinandertreffen
ist (so könnte man die angeführten biblischen Kommunikati-
onsdeutungen auch lesen) zwischenmenschlich, aber auch in
der Beziehung des Menschen zu Gott gefährdet (Turmbau) bzw.
in einer neuen Weise konstituiert (Pfingsten) worden. Lehrende – und dies ist dann der allgemeinste Kern aller Didaktik –
lassen wahrnehmen, um Kommunikation zu initiieren. Die
gemeinsame Eigenart des didaktischen Handelns liegt offensichtlich in dem Aspekt des „Lassens".

---

11 Ebd.

Worin besteht die Eigenart des „Lassens"? Sprachgeschicht-
lich ist hierbei nach Grimms Wörterbuch „zu sondern ... die
ursprünglichere verwendung von lassen als intransitives oder
transitives verbum, und seine verbindung mit infinitiven, die
als eine jüngere angesehen werden muss."[12] Bei der Tätigkeit
des „Wahrnehmen-Lassens" handelt es sich um eine substan-
tivierte Form der Verbindung von „lassen" mit einem Infinitiv.
Diese „construction hat sich ungemein reich und manigfaltig
entwickelt"[13], wobei dennoch zwei grundlegende Bedeutungs-
ausrichtungen des „Lassens" unterschieden[14] werden können.
So kann „Lassen" zum einen verstanden werden als Zulassen
und Gewähren, was im Hinblick auf das Wahrnehmen-Lassen
letztlich auf das Zulassen und Gewähren von Information hi-
nausläuft. Andererseits kann „Lassen" jedoch auch als Veranlassen bis hin zur Nötigung als deutlichem Ausdruck eines
Zwangselements gemeint sein. In dieser elementaren Doppel-
sinnigkeit des „Lassens" lägen demnach die äußeren Grenzen
des Spektrums der didaktischen Steuerungsmöglichkeiten.

Festzuhalten ist bei alledem, dass sowohl dem Zulassen wie
dem Veranlassen in zwischenmenschlicher Hinsicht ein in-
tentionales Element im Sinne von Selektionsentscheidungen
zugrunde liegt. Beim Zulassen ist die Entscheidung gefällt
worden, welche Information die Wahrnehmenden zu Gesicht
bekommen sollen – und welche nicht. Das Zulassen geht von
vorhandener Information aus und verweist auf die Entscheidung, ob dieses Vorhandene als Information an die Zu-Erziehenden herangelassen werden soll. Das Zulassen enthält auf

---

12 J. Grimm/W. Grimm, Lassen, in: dies., Deutsches Wörterbuch. Bearbeitet
    von Moriz Heyne, Band 6, Leipzig 1885, 213–240, hier 215.
13 Grimm/Grimm, Lassen, 229.
14 So geht nach Grimm „der begriff des zulassens, gewährens oft in den des
    bewirkens, machens über; in einer anzahl von fügungen liegt der über-
    gang klar vor; in vielen andern kann man eben so gut jenen wie diesen
    begriff annehmen" (Grimm/Grimm, Lassen, 229).

den ersten Blick nur den Prozess, etwas Vorfindliches als Information an die Lernenden heranzulassen, impliziert jedoch immer auch die Möglichkeit der negativen Selektion, insofern bestimmte Wahrnehmungsinhalte eben verborgen bleiben sollen. Hier geht es also um eine Umzäunung, um ein Abstecken von Grenzen, innerhalb derer etwas für sinnhaft Gehaltenes identifiziert wird. Die gesamte Anlage der Tora als ein struktureller Informationszusammenhang – gelesen als Umgrenzung von Möglichkeiten, die dem Menschen sein Mensch-Sein, seine Menschen-Würde gewährleisten – kann auf diese didaktische Elementarstrategie zurückgeführt werden. Es ist dabei – wie es auf den ersten Blick scheinen mag – keineswegs so, dass beim Wahrnehmen-Lassen im Sinne des Zulassens die Lehrenden passiv sind. Vielmehr verweist das Zulassen inmitten der notwendig selektiven Entscheidung des Gewährens oder Nicht-Gewährens auf das aktive Handeln in der Konstituierung von Kommunikation als zweite und letztlich entscheidende Selektionsebene. Der Unterschied zum Veranlassen liegt schließlich u.a. darin, dass beim Zulassen der Lehrende in den Augen der Lernenden in den Hintergrund und die Information (gegebenenfalls sogar weitgehend losgelöst vom Lehrenden) in den Vordergrund tritt. Dies ist beim Veranlassen insofern nicht der Fall, als dass die Darbietung der Information offensichtlicher mit der Intention der Lehrenden verbunden ist. Zudem wird mit der größeren Offensichtlichkeit der Intention in der Regel eine höhere Intensität an Nötigung verbunden sein.

Nimmt man nun die die didaktische Differenz kennzeichnenden Elemente der Passung einerseits und der Verwobenheit von Wahrnehmen-Lassen und Wahrnehmen andererseits zusammen, so werden die Anfragen an Möglichkeit und Grenze von Kommunikation deutlich. Es wird deutlich, in welchem Sinne es nahe liegt, zunächst einmal vom Nicht-Gelingen auszugehen. Die Relation zwischen Wahrnehmen-Lassen und Wahrnehmen im Passungsprozess markiert zwar die Ebene der

Verbindung zwischen den Kommunikationspartnern, verweist zugleich jedoch darauf, dass Kommunikation nicht in einem mechanistischen Sinne ‚gemacht' werden kann. Es gibt zwar ein Spektrum zwischen Zulassen von und Veranlassen zur Wahrnehmung bestimmter Informationen, und darin besteht gleichzeitig eine Einheit des Handelns der Lehrenden. Zugleich aber verweist der Aspekt des „Wahrnehmens" auf den Abstand zwischen Lehrenden und Lernenden und auf die Freiheit der Lernenden. Die Freiheit der Lernenden zeigt sich darin, dass sie im Extremfall nicht nur die Inhalte, sondern bereits die Aufnahme von Informationen an sich verweigern. Bei alledem ist auch zu berücksichtigen, dass keineswegs alles, was wahrgenommen wird, auch automatisch in Lernen transformiert wird, und manchmal das, was wahrgenommen und in Lernen transformiert wird, keineswegs dem entspricht, was die Lehrenden mit ihren Wahrnehmungsangeboten intendiert haben. All dies sind die Konturen einer gleichermaßen elementar- und universalanthropologischen Differenz.

3 Die Differenz – Zur Thematisierung des Unverfügbaren in pädagogischen Prozessen

Kommunikation verweist auf einen Zwischenraum, auf einen Freiraum, auf einen Raum des Unverfügbaren inmitten einer Differenz. Die Frage ist nun, wie dieses Unverfügbare thematisiert werden kann. Hier zeigen sich in der (religions-)pädagogischen Deutung der Lern- und Erziehungswirklichkeit sehr unterschiedliche Modelle, die – so zumindest eine mögliche theologische Lesart – allesamt implizit erfahrungsorientierte Ansätze der Rede vom Heiligen Geist mit sich führen. Im Kontext von Erziehungs- und Bildungstheorien spielen der Verweis auf das Geschehen im Zwischenraum und die Auseinandersetzung mit diesem Geschehen, mit dem Kern der Differenz, in vielfältigen Variationen eine Rolle. Die entsprechenden

Autorinnen und Autoren verweisen in der Regel natürlich nicht auf eine Deutungskategorie wie die des Heiligen Geistes. Auf die Sprachformeln zwischen „fruchtbarem Augenblick" und „struktureller Kopplung" wurde bereits hingewiesen. Aus theologischer Sicht jedoch stellt sich die Frage, ob der „Heilige Geist" nicht genau an diesen Punkten, in diesen Zwischenräumen thematisiert werden könnte und sollte – als Konstitutionsbedingung von Kommunikation, die über das menschlich Messbare hinausgeht und auf etwas Unverfügbares verweist, das gleichermaßen unaussprechbar ist und doch namhaft gemacht werden kann. Der Grad hin zu einer Banalisierung und Moralisierung theologischer Rede ist schmal – aus biblisch-theologischer Perspektive. Der Grad einer religiösen Kolonialisierung vermeintlich säkularer Prozesse ist vielleicht noch schmaler – aus der Perspektive der innerweltlichen Alltagserfahrung. Und dennoch: Kommunikation, deren Fragmentarität und Gefährdung, deren Stiftung und partielle Unverfügbarkeit, bietet eine Möglichkeit, das Deutungsmuster „Heiliger Geist" so in Sprache zu bringen, dass Banalisierung, Moralisierung und Kolonialisierung gleichermaßen selbstreflexiv im Bewusstsein bleiben. Einen Versuch ist es wert, Pneumatologie und (Religions-)Pädagogik ins Gespräch zu bringen – vor dem Hintergrund der oben genannten biblischen Referenzerzählungen von Turmbau und Pfingsten allzumal. An drei Beispielen soll das In-Sprache-Bringen des Unaussprechlichen zunächst in pädagogischen Prozessen allgemein thematisiert werden – mit der implizit mitgeführten Rückfrage, ob jene Beschäftigung mit dem Zwischenraum in pädagogischer Kommunikation nicht immer auch Anknüpfungspunkte für die Rede vom Heiligen Geist mit sich führt:

- an der Begegnung und der Kommunikationsfähigkeit allgemein (Buber),
- an dem Topos vom pädagogischen Bezug (Nohl),

o an der Gestaltung pädagogischer Räume unter der Perspektive ihrer Gestimmtheit (Bollnow).

In all diesen Beispielen geht es – biblisch-theologisch gesprochen – um Variationen der Auseinandersetzung mit dem Turmbau-Geschehen. Es geht um die Frage, wie Kommunikation allgemein als Alltagsgeschehen rekonstituiert oder zumindest auf ihre Bedingungen und Begrenzungen hin reflektiert und konstruktiv gestaltet werden kann.

Kommunikation und deren Ermöglichung ist das eigentliche Thema von Martin Bubers berühmter Schrift „Ich und Du". Dies jedoch in bestimmter Perspektive. Denn bei genauerer Betrachtung wird eine ganz bestimmte Konstitutionsbedingung auch zwischenmenschlicher Kommunikation sichtbar: der „Saum des ewigen Du"[15]. Um die Interpretation dessen, was unter dem „Saum des ewigen Du" zu verstehen ist, müsste sich eigentlich jede Interpretation Bubers drehen. Den Ausgangspunkt von Bubers Philosophie der Beziehung bildet bekanntlich die Unterscheidung der Ich-Du-Relation von der Ich-Es-Relation – als Beschreibung eines elementaren Unterschieds in der Beziehungsqualität. Mit Blick auf Kommunikation gibt es diese Alternative in der Beziehungsqualität und kein Drittes. Diese Unterscheidung erinnert an andere Variationen der Bestimmung menschlicher Kommunikationsfähigkeit zu Beginn des 20. Jahrhunderts. Eine vergleichbare binäre Codierung findet sich beispielsweise ebenso in der Gegenüberstellung von Gemeinschaft und Gesellschaft bei Ferdinand Tönnies[16] oder (auch) in derselben, aber erziehungswissenschaftlich auf den Lebenslauf bezogenen Differenz dieser Kommunikationsmöglichkeiten in der Erziehungsmetaphysik Peter Petersens[17].

---

15 M. Buber, Ich und Du, in: ders., Das dialogische Prinzip, Darmstadt ⁴1984, 7–138, hier 10.

16 Vgl. F. Tönnies, Gemeinschaft und Gesellschaft. Grundbegriffe der reinen Soziologie (1887), Darmstadt 1969.

17 Vgl. P. Petersen, Allgemeine Erziehungswissenschaft, Berlin 1924.

Die für den Alltag dabei dominante Qualität ist quantitativ die Ich-Es-Relation. Diese Ich-Es-Relation ist für den Menschen nicht prinzipiell von Übel. Das „Grundwort" Ich-Es ist für den menschlichen Alltag unverzichtbar und notwendig, denn ohne diese Variante der Verständigung ist eine Gestaltung des Alltags kaum denkbar. Die Ich-Es-Variante der Kommunikation wird dem Menschen jedoch dann zum Problem, ja zum Verhängnis, wenn er sie für seinen Lebensgrund und das seiner menschlichen Würde Gemäße hält. Dahinter steht die Frage, was den Menschen in seinem Kern ausmacht und ihm Würde (als kommunizierendes Wesen) verleiht. Letztlich ist die Beziehungsqualität der Ich-Es-Relation zwar notwendig und pragmatisch sinnvoll, jedoch zugleich auch defizitär. Denn „wahres", „eigentliches" Leben ereignet sich in der Ich-Du-Beziehung bzw. in den Ich-Du-Beziehungen.

Entscheidend ist die Frage, wie es zu der Beziehungsqualität des Grundworts Ich-Du, also dem „eigentlichen" Leben, kommen kann. Es stellt sich die Frage nach dem Ermöglichungsgrund des „Eigentlichen"[8]. Zugespitzt formuliert: Kann ein Mensch eine Ich-Du-Beziehung herbeiführen oder ereignet sich diese in einer Art Offenbarungsakt, in dem der „Saum des ewigen Du" die Beziehungsqualität bestimmt und die Ich-Du-Beziehung ermöglicht? Bei näherem Hinsehen wird deutlich, dass Buber in zweifacher Hinsicht von religiösen Prämissen ausgeht, die eine Assoziation zu dem, was in christlicher Theologie mit dem Wirken des Heiligen Geistes beschrieben wird, nahelegen: im Hinblick auf das Religiöse, das dem Menschen gegenübersteht, und im Hinblick auf das Religiöse, das dem Menschen innewohnt. Ersteres bezeichnet Buber als das „ewige Du", letzteres als das „eingeborene Du". In diesem Sinne hatte Ernst

---

18 Kritisch hierzu und speziell zu Martin Buber die geradezu klassische Polemik von Th.W. Adorno, Jargon der Eigentlichkeit. Zur deutschen Ideologie, Frankfurt 1964.

Simon die „Lehre von der Beziehung zweier getrennter, aber auf Verbundenheit miteinander angelegter Wesenheiten"[19]: die Beziehung zwischen dem ‚Ich' des Menschen und Gottes großem ‚Du', als die Grundlage von Bubers Beziehungsphilosophie bezeichnet. Im Angesicht dieser beiden noch zu erläuternden Voraussetzungen wird zunächst eines deutlich: Die Freiheit des Menschen in der Ausgestaltung der Kommunikation ist negativ begrenzt. Der Mensch kann die (letztlich für seine Kommunikations-„Würde" entscheidende) Qualität der Ich-Du-Beziehung nicht schaffen, er kann sich dieser aber verweigern oder diese zulassen. Nur insofern hat er eine Wahl und einen Gestaltungsfreiraum. Das „ewige Du" aber bleibt immer die beziehungsbegründende Voraussetzung aller Ich-Du-Beziehungen.

Der „Saum des ewigen Du" ist oberste Norm, ist die Ermöglichungsinstanz schlechthin: „In jeder Sphäre, in jedem Beziehungsakt, durch jedes uns gegenwärtig Werdende blicken wir an den Saum des ewigen Du hin, aus jedem vernehmen wir ein Wehen von ihm, in jedem Du reden wir das ewige an, in jeder Sphäre nach ihrer Weise. Alle Sphären sind in ihm beschlossen, es in keiner."[20] Die religiöse Fundierung der Beziehungsqualität Ich-Du ist offensichtlich, denn „nur Ein Du hört seinem Wesen nach nie auf, uns Du zu sein."[21] Dieses eine, kontinuitätwahrende und zugleich kontinuitätstiftende Du aber ist dem Menschen unverfügbar, in einem technisch-operationalen Sinne nie verfügbar, nie handhabbar. Es ist – wie Ernst Simon es formuliert hat – eine Art „religiöse Urwirklichkeit", aus der „die spezifisch menschliche Möglichkeit" stammt, „sich der Natur und dem Mitmenschen nicht nur in der objektivierenden Klassifikation der ‚Ich-Es'-Relation, sondern immer wieder,

---

19 E. Simon, Martin Buber und das deutsche Judentum, in: R. Weltsch (Hg.), Deutsches Judentum. Aufstieg und Krise. Gestalten, Ideen, Werke, Stuttgart 1963, 48.
20 Buber, Ich und Du, 103.
21 Ebd., 100.

wenn auch nicht immer, in der vollen Aufgeschlossenheit der ,Ich-Du'-Relation zu nahen. So wirkt die Mensch-Gott-Beziehung auf ,das Zwischenmenschliche' ein."[22]

Zugleich besitzen aber alle Menschen eine Art Anknüpfungspunkt. Bei aller Unverfügbarkeit und Flüchtigkeit der Ich-Du-Beziehung aufgrund der prinzipiellen Unverfügbarkeit des „ewigen Du" gibt es eine Anlage, ein Sensorium im Menschen[23], das als sekundäre Voraussetzung für das Entstehen der Ich-Du-Beziehung notwendig ist: „das eingeborene Du" als „Apriori der Beziehung"[24]. Dieses eingeborene Du ist ausgerichtet auf das ewige Du, auf die Ermöglichung einer Ich-Du-Beziehung. Das eingeborene Du „vollendet sich einzig in der unmittelbaren Beziehung zu dem Du, das seinem Wesen nach nicht Es werden kann."[25] Buber geht davon aus, dass die Beziehungsqualität Ich-Du potentiell allen Menschen offen steht, denn: „alle haben irgendwo das Du gespürt"[26] und verfügen über das eingeborene Du. Damit ist allen Menschen möglich, was das Leben letztlich „wirklich" ausmacht: die Begegnung im Sinne der Ich-Du-Qualität – „Alles wirkliche Leben ist Begegnung."[27] Diese Vorstellung von Begegnung aber basiert auf einer Vorstellung nicht-gestörter, nicht-entfremdeter Kommunikation, die zuallererst von etwas Externem ermöglicht werden muss. Kommunikationsbeschränkungen müssen aufgehoben werden, damit in der Differenz von Ich und Anderem das Unverstellte sichtbar wird. Die Ermöglichung aber erfolgt durch einen bei Buber letztlich religiös zu deutenden Akt, durch eine Art Offenbarung, die jedoch nicht an die

---

22 Simon, Buber, 48f.
23 Deutlich wird an dieser Stelle die religionsphilosophische Verwandtschaft Bubers mit Platons Seelenlehre, wie er sie beispielsweise in den Dialogen „Phaidon" und „Phaidros" entfaltet hat.
24 Buber, Ich und Du, 31.
25 Ebd., 76.
26 Ebd., 56.
27 Ebd., 19.

biblische Überlieferung gekoppelt ist, sondern vielmehr auf ein universalanthropologisches Geschehen verweist. Schalom Ben-Chorin hat diese anthropologische Fokussierung in dem Satz zugespitzt: „Offenbarung war, nach Buber, nur an ein Ding geknüpft, an die dialogische Bereitschaft des Menschen."[28] In letzter Konsequenz steht Kommunikation immer unter dem Vorzeichen des Bewusstseins, mit Blick auf die entscheidende Beziehungsqualität des Ich-Du auf etwas Unverfügbar-Anderes angewiesen zu sein. Es geht um eine Sensibilisierung für die religiöse Grunddimension der menschlichen Existenz an sich – es geht um die Sensibilisierung für die Möglichkeit des Grundworts Ich-Du als „eigentlicher" Existenz. „So steht es vor den Nachgeborenen, sie zu lehren, nicht was ist und nicht was sein soll, sondern wie im Geist, im Angesicht des Du, gelebt wird. Und das heißt: es steht bereit, ihnen allzeit selbst zum Du zu werden und die Duwelt aufzutun; nein, es steht nicht bereit, es kommt immerdar auf sie zu und rührt sie an."[29]

In der Bestimmung von Lehren und Lernen, Erziehung und Bildung stellt die Reflexion des Unverfügbaren, des Unaussprechbaren, des Unfasslichen im Kommunikationsprozess ein zentrales Motiv dar. Ist das Nachdenken bei Buber religionsphilosophisch gespeist, so spielt in der hermeneutischen und phänomenologischen Traditionslinie der Pädagogik die Freiheit und Unverfügbarkeit des Individuums, also letztlich der Autonomie-Gedanke, eine zentrale Rolle. Diese Freiheit und Würde wird in vielfacher Hinsicht bis hin zu einer Relativitätstheorie der Erziehungswirklichkeit durchbuchstabiert. Unter den Aspekten der Kommunikation und der didaktischen Differenz sind für den vorliegenden Kontext zwei Verhältnisbestimmungen besonders prägnant: zum einen die personale

---

28 Sch. Ben-Chorin, Zwiesprache mit Martin Buber. Erinnerungen an einen großen Zeitgenossen, Gerlingen 1978, 113.
29 Buber, Ich und Du, 44.

Beziehung zwischen Erziehenden und Zöglingen, zum anderen die indirekte Beförderung des Lernens durch gestaltete Umgebungen. Mit Blick auf die Differenz und die in deren Zwischenraum wirksamen Kräfte sollen wiederum nur exemplarisch zwei Beispiele herangezogen werden, die das Unverfügbare als latentes Motiv mit sich führen: die Lehre vom pädagogischen Bezug und die der pädagogischen Atmosphäre.

Der pädagogische Bezug ist – so die Aussagerichtung von Herman Nohl – letztlich ein in bestimmter Weise qualifiziertes Kommunikationsverhältnis zwischen Menschen. Dies wird vor allem in jenem Begründungsstrang deutlich, in dem selbst eine kommunikative Elementarkompetenz als Voraussetzung von Erziehung und Bildung nicht mehr anzutreffen ist: die Situation von Kindern und Jugendlichen in einem Zustand der „Verwahrlosung". 1926 hatte Nohl in seinen „Gedanken für die Erziehungstätigkeit des Einzelnen mit besonderer Berücksichtigung der Erfahrungen von Freud und Adler" die Frage nach dem Recht von Kindern und Jugendlichen auf eine kommunikative Elementarkompetenz, in welcher „Erziehung" überhaupt erst möglich wird, aufgeworfen. Vor dem Hintergrund beispielsweise der Alltagspraxis von Curt Bondy und Walter Herrmann im Jugendgefängnis Hahnöversand sowie von Karl Wilker im Erziehungsheim Lindenhof hatte Nohl die Frage nach den Minimal- bzw. Elementarbedingungen des Aufwachsens in kommunikativer Hinsicht aufgeworfen. Dabei wurde für ihn vor allem die (sozial gestörte) Kommunikationsfähigkeit der Kinder und Jugendlichen gegenüber der ‚älteren Generation' zum Kernproblem. Dort, wo die Kommunikation mit den Kindern und Jugendlichen durch entsprechende biographische Einflüsse fast vollständig unmöglich sei, fordert Nohl jene veränderte „Grundeinstellung der neuen Pädagogik"[30]

---

30 H. Nohl, Gedanken für die Erziehungstätigkeit des Einzelnen mit besonderer Berücksichtigung der Erfahrungen von Freud und Adler (1926),

ein, die letztlich von den Notwendigkeiten, Möglichkeiten und Grenzen der Kommunikation aus zu entwickeln sei. Eine Differenz, einen Zwischenraum zwischen Lehrenden und Lernenden wird es immer geben, die Frage ist jedoch die nach den Voraussetzungen, nach den Eckpfeilern, die die Thematisierung der Differenz überhaupt begründen – sachlich und sprachlich. Hierfür bedürfe es einer neuen pädagogischen Haltung. Diese sei dadurch zu charakterisieren, dass sie ihren Ausgangspunkt „unbedingt im Zögling hat, das heißt, daß sie sich nicht als Vollzugsbeamte irgendwelcher objektiver Mächte dem Zögling gegenüber fühlt, des Staats, der Kirche, des Rechts, der Wirtschaft, auch nicht einer Partei oder Weltanschauung"[31]. Die Grundvoraussetzung der Kommunikation ist somit, dass diese selbst als Prozess, in dem die Gegenüber sich als different begegnen, in den Mittelpunkt rückt. Nicht der Inhalt einer asynchronen Kommunikation im Sinne der Repräsentanz einer „objektiven Macht" durch den Lehrenden, sondern dessen Eingehen in die Kommunikation als Prozess, in dessen Zwischenraum die Kommunikationsfähigkeit selbst das entscheidende Thema ist, soll in den Mittelpunkt rücken. Dabei aber kommen die Lernenden in gewisser Weise in ihrer Unverfügbarkeit und Freiheit zur Geltung. Die damit verbundene Haltung ist eine von den Erziehenden einzulösende Parteilichkeit, eine Parteilichkeit, die Nohl als leitende Norm für eine pädagogische Handlungsethik mit einer historisch vergewisserten Selbstverständlichkeit setzt. Im Anschluss an Rousseaus „Pädagogik vom Kinde aus"[32] sowie die Proklamation eines Eigenrechts der Jugend in der Jugendbewegung bringt Nohl diese Norm in die Theorie der Bildung ein. Diese Norm will er zweifelsohne als

---

in: ders., Pädagogik aus dreißig Jahren, Frankfurt 1949, 151–160, hier 152.
31 Nohl, Gedanken, 152.
32 Zusammenfassend hierzu R. Koerrenz, „Vom Kinde aus" – Nachdenken über einen Anspruch, in: ders., Gottes Kinder, in: JBTh 17, Neukirchen-Vluyn 2002, 369–387.

„regulatives Prinzip" sowohl für die theoretische Analyse der Erziehungswirklichkeit als auch für das praktische Handeln in ihr verstanden wissen. Im Hintergrund aber steht neben dem Acht-Geben auf die Ermöglichung von Kommunikationsfähigkeit als solcher die Wertschätzung der Kommunikation als Kommunikation. Von dort aus ergibt sich ein Blick auf pädagogische Praxis, in der „das letzte Geheimnis der pädagogischen Arbeit der richtige pädagogische Bezug ist, das heißt das eigene schöpferische Verhältnis, das Erzieher und Zögling verbindet."[33] Es ist der Gesichtspunkt des Schöpferischen, der in doppelter Hinsicht auf das Unverfügbare verweist, obwohl auf den ersten Blick das Gegenteil nahe liegen mag. In einer ersten Hinsicht wird auch damit auf die an vielen Stellen eingeforderte Freiheit der Lernenden verwiesen – eine Freiheit, die die Lehrenden einerseits zur Ernstnahme ihrer Gegenüber verpflichtet und den Lehrenden andererseits die Gegenüber als Grenze des eigenen (kommunikativen) Handelns aufzeigt. Der von Nohl proklamierte und eingeforderte Perspektivenwechsel „von allen objektiven Zwecken weg auf das Subjekt, seine Kräfte und sein Wachstum"[34] ist eine weit reichende Normsetzung. Mit dieser Proklamation der Freiheit der Lernenden, ist aber zugleich – und dies ist die zweite Hinsicht – der Zwischenraum zwischen den Lehrenden und Lernenden unter das Vorzeichen der nunmehr wechselseitig zu achtenden Freiheit gestellt und die Differenz nur unter Einschluss des Unverfügbaren im schöpferischen Akt zu verstehen. Erziehung kann danach sachgemäß nur eingelöst werden in der „Wendung zum Subjekt, daß das zu seinem freien, selbständigen, höheren Leben kommt."[35] In dieser Einstellung auf die Subjektivität des Zöglings liegt nach Nohl eben „das pädagogische Kriterium: was immer an An-

---

33 Nohl, Gedanken, 153.
34 H. Nohl, Vom Wesen der Erziehung (1948), in: ders., Pädagogik aus dreißig Jahren, Frankfurt 1949, 279–289, hier 280.
35 Nohl, Wesen, 281.

sprüchen aus der objektiven Kultur und den sozialen Bezügen an das Kind herantreten mag, es muß sich eine Umformung gefallen lassen, die aus der Frage hervorgeht: welchen Sinn bekommt diese Forderung im Zusammenhang des Lebens dieses Kindes für seinen Aufbau und die Steigerung seiner Kräfte, und welche Mittel hat dieses Kind, um sie zu bewältigen?"[36] In diesem Sinne ist als „Grundlage der Erziehung" – so die „klassische" Formulierung des „pädagogischen Bezugs" – das „leidenschaftliche Verhältnis eines reifen Menschen zu einem werdenden Menschen und zwar um seiner selbst willen, daß er zu seinem Leben und seiner Form komme"[37] anzusehen.

Die vielleicht radikalste Zuspitzung und Illustration des Unverfügbaren in dem von Nohl als „schöpferisch" gekennzeichneten Moment hat dessen Schüler Otto Friedrich Bollnow in seiner Interpretation der „Begegnung" vorgenommen. Begegnung ist demnach nichts Flüchtiges, Leichtes und dem Menschen Verfügbares. Im Zentrum der Begegnung steht vielmehr das radikal Unverfügbare. Es ist eine fremde Wirklichkeit, auf die ein Mensch in einer „Begegnung" im Bollnowschen Sinne trifft bzw. die auf einen Menschen trifft.

Der Mensch wird „in der Begegnung auf die Probe gestellt. Vor der Gewalt des Begegnenden entscheidet sich, was an ihm echt ist. In dieser Erschütterung muß der Mensch sich bewähren. Er kann bestehen oder nicht bestehen."[38] Die Begegnung enthält eine Härte, eine bedrängende Herausforderung. Von diesem Verständnis aus sind dann die Kommunikationsvorgänge im pädagogischen Bezug bei aller Unplanbarkeit des Schöpferischen keineswegs schon Begegnungen. Ganz im Gegenteil:

---

36 H. Nohl, Theorie der Bildung, in: Handbuch der Pädagogik, hg. von H. Nohl/L. Pallat, Erster Band: Die Theorie und die Entwicklung des Bildungswesens, Langensalza 1933, 3–80, hier 17f.

37 Nohl, Theorie, 22.

38 O. F. Bollnow, Existenzphilosophie und Pädagogik. Versuch über unstetige Formen der Erziehung, Stuttgart 1959, 100.

In der Kontinuität der wünschenswerten Atmosphäre der Hoffnung und des Vertrauens ist die schicksalhafte Härte, die mit dem Begegnungs-Gedanken verbunden ist, gerade ausgeblendet. Im Rahmen des pädagogischen Bezugs entsteht eine Begegnung als Störung jener alltäglichen Kontinuität. Die Alltäglichkeit des Umgangs von Erziehenden und Zöglingen kann und soll nicht unter den Anspruch der Begegnung gestellt werden, „sondern als Begegnung in einem strengen Sinn bezeichnen wir nur die verhältnismäßig seltenen, dann aber entscheidenden Vorgänge, wo der andre Mensch den Menschen so in seinem Kern berührt, daß sein ganzes bisheriges Leben mit all seinen Plänen und Erwartungen umgeworfen wird und etwas völlig Neues für ihn anfängt. Nur wo dies schicksalhaft über den Menschen kommt, da sprechen wir im eigentlichen Sinn von Begegnung."[39] Eine solche Begegnung können und sollen die Lehrenden nicht produzieren oder provozieren, auf der anderen Seite können und sollen sie dieser nicht ausweichen. Vielmehr sollen sie sich angemessen verhalten, wenn eine Situation eintrifft, die aus der Sicht der Zöglinge die Bedeutung einer Begegnung einnimmt. Also ist die Selbstbescheidung leitend. „Jede Begegnung ist unberechenbar, im tiefsten Sinne zufällig und entzieht sich darum grundsätzlich jeder bewußten pädagogischen Planung."[40] Dies ist der Vorbehalt gegenüber falschen erzieherischen Ansprüchen. Eine fruchtbare Begegnung liege „außerhalb jeder vorsätzlichen Planung."[41]

Im nächsten Abschnitt wird deutlich werden, dass zwischen der Idee des „Schöpferischen" bei Nohl, welche die Freiheit der an Kommunikation beteiligten Personen hervorhebt, und dem existenzphilosophisch zugespitzten Begegnungsbegriff Bollnows Unterschiede bestehen. Gemeinsam jedoch ist, dass

---

39 Bollnow, Existenzphilosophie, 101.
40 Ebd., 124.
41 O. F. Bollnow, Selbstdarstellung, in: L.J. Pongratz (Hg.), Pädagogik in Selbstdarstellungen, Bd. 1, Hamburg 1975, 95–144, hier 110.

im Kern pädagogischer Prozesse ausgesprochen oder unausgesprochen eine Theorie des Unverfügbaren in der Differenz mitgeführt wird. Die perspektivische Erweiterung des Zwischenraums durch Bollnow besteht darin, über die unmittelbare Kommunikation von Menschen hinauszugehen und eine mittelbare Kommunikation über gestaltete Umgebungen zu thematisieren.

Das Stichwort, mit dem Bollnow jene Form des Kommunikationsarrangements bezeichnete, war das der „pädagogischen Atmosphäre". In dieser Atmosphäre wirkt „das Ganze der gefühlsmäßigen Bedingungen und menschlichen Haltungen, die zwischen dem Erzieher und dem Kind bestehen und die den Hintergrund für jedes einzelne erzieherische Verhalten abgeben"[42]. Dieses Ganze aber ist nur zu erfassen unter Einbezug jener Dimensionen, die gerade nicht erfassbar sind. Bollnow spricht in diesem Zusammenhang im Anschluss an die Existenzphilosophie von der Gestimmtheit des Raumes. Es ist auffällig, dass Bollnow die Formel der „pädagogischen Atmosphäre" offensichtlich in einer zweifachen Bedeutung verwendet. Die Formel ist – gewollt oder ungewollt – sprachlich doppelsinnig. Zum einen bezeichnet die „pädagogische Atmosphäre" jene Gestimmtheit, die durch das konkrete Zusammentreffen von Erzieher und Zögling überhaupt erst entsteht. Pädagogische Atmosphäre wäre dann eine Folge des pädagogischen Bezugs. Zum anderen kann Bollnow jedoch ganz im Gegenteil davon sprechen, dass jeder pädagogische Bezug immer schon in eine vorfindliche Atmosphäre eintritt. Dann wäre die pädagogische Atmosphäre eine Voraussetzung des pädagogischen Bezugs.

---

42 O. F. Bollnow, Die pädagogische Atmosphäre. Untersuchungen über die gefühlsmäßigen zwischenmenschlichen Voraussetzungen der Erziehung, Heidelberg ³1968, 11.

Zum einen sieht Bollnow die pädagogische Atmosphäre von dem pädagogischen Verhältnis selbst konstituiert und getragen. Die pädagogische Atmosphäre ist „nichts, was vor dem einzelnen erzieherischen Verhalten schon da sein müßte, nichts für sich Bestehendes, sondern sie bildet sich erst in diesem und zusammen mit diesem."[43] Die pädagogische Atmosphäre kommt erst mit und durch den pädagogischen Bezug zustande. Die pädagogische Atmosphäre ist also letztlich eine andere Bezeichnung für die Gestimmtheit des konkreten erzieherischen Verhältnisses. „Das allgemein Atmosphärische ist nicht abzulösen vom konkreten Tun und Lassen des Menschen."[44] In der Begegnung von Erziehenden und Zöglingen geht es dem ersten Augenschein nach um irgendeinen Sachbezug. Immer ist – so der Hinweis Bollnows – mit dieser Begegnung jedoch eine ganz eigene Stimmung, eine Gestimmtheit verbunden. Und diese Gestimmtheit sei zum einen an sich von zentraler Bedeutung, präge jedoch zum anderen auch den Zugang zu den thematischen Sachverhalten entscheidend mit.

Die andere Deutung der pädagogischen Atmosphäre operiert mit der angesprochenen Begriffsverschiebung. Hier ist der Gedanke leitend: Es gibt bereits eine gestimmte Atmosphäre, dann kommen Menschen hinzu und ordnen sich dieser Atmosphäre ein oder unter. In diesem Sinne versteht Bollnow unter pädagogischer Atmosphäre: „das Ganze der gefühlsmäßigen Bedingungen und menschlichen Haltungen, die zwischen dem Erzieher und dem Kind bestehen und die den Hintergrund für jedes einzelne erzieherische Verhalten abgeben."[45] Es geht in dieser Perspektive also um einen vorfindlichen Hintergrund. In diesem Zusammenhang verweist Bollnow auch auf das räumliche Erleben des Menschen und besonders der

---

43 Bollnow, Atmosphäre, 107.
44 Ebd.
45 Ebd., 11.

Heranwachsenden[46]. So gebe es für Kinder die unverzichtbare Notwendigkeit einer Sphäre der Geborgenheit: „Immer kommt es darauf an, daß das Kind innerhalb der weiten und sich immer weiter weitenden Welt einen engeren Bereich hat, in dem es sich sicher fühlt und in den es sich zurückziehen kann, wenn es sich zu weit hervorgewagt hat." Es geht um ein „Bewußtsein von dem sicheren Raum"[47].

Beide Beschreibungszugänge zielen auf das Verbindende im pädagogischen Prozess. Indem sie dies jedoch tun, verweisen sie zugleich auf etwas dem Menschen nicht vollständig Verfügbares, etwas im Letzten Nicht-Planbares, etwas nicht im technischen Sinne Herstellbares. In den Blick kommt gerade durch das Verbindende der Zwischenraum der didaktischen Differenz als etwas, an dem Menschen zwar beteiligt sind und das (z.B. mit sozialpsychologischen Deutungsmustern) annähernd auch beschrieben werden kann. Letztlich jedoch bleibt auch in dieser Perspektive ein unbeschreibbarer Rest, der nur zum Teil analytisch aufgelöst werden kann. Der „Geist" einer Stimmung, eines gestimmten Raumes geht in der menschlichen Freiheit nicht vollständig auf. Ganz im Gegenteil: Das Woher der Gestimmtheit verweist (in seiner ganz eigenen Qualität) auf etwas Fragmentarisches, Brüchiges, Gefährdetes, das – praktisch-theologisch zu Ende gedacht – in die Bitte um den „guten Geist" eines gestimmten Raumes mündet.

Das Ziel dieses Gedankengangs war der Aufweis, dass zumindest in bestimmten pädagogischen Traditionen der Zwischenraum der didaktischen Differenz nicht nur unter technologischen Vorzeichen als ein zu minimierender und möglichst effektiv zu überwindender gedeutet wird. Vielmehr wird in Aufnahme der Freiheits- und Autonomie-Motive des 18. Jahrhunderts dem Sachverhalt Rechnung getragen, dass hier etwas

---

46 Vgl. dazu umfassend O. F. Bollnow, Mensch und Raum, Stuttgart ⁷1994.
47 Bollnow, Atmosphäre, 25.

Unauflösbares und Unverfügbares im Lehr-Lern-Prozess als Kommunikationszusammenhang zum Ausdruck kommt. Die Beispiele für eine solche Thematisierung des Zwischenraums jenseits der Ich-Du-Beziehung, des pädagogischen Bezugs oder der pädagogischen Atmosphäre ließen sich problemlos vermehren: von Petersens Erziehungsmetaphysik bis zu Luhmanns autopoietischen Systemen.

Wird der Blick zurück nach vorn gerichtet auf die beiden zentralen biblischen Kommunikationsgeschichten, so lassen sich die pädagogischen Variationen zur didaktischen Differenz als Kommentierungen des Spannungsverhältnisses zwischen Turmbau und Pfingsten interpretieren. Die didaktische Differenz wirft in biblisch-theologischer Hinsicht die Frage auf, ob in diesem Zwischenraum mit Blick auf die Befähigung des Menschen zur Kommunikation nicht ein wesentlicher Ort des Heiligen Geistes anzunehmen wäre – nicht im Sinne einer Rest-Raum-Verwertung, dass hier noch eine kleine Lücke für die verzweifelte Suche nach Anknüpfungspunkten für Gott in der Alltagserfahrung sichtbar würde. Im Gegenteil: Kommunikation und Kommunikationsfähigkeit gehören zu den universalanthropologischen Elementarien, die unverzichtbar sowohl zur Individualisierung als auch zur Sozialisierung des Menschen gehören. Gegen Vorstellungen, Kommunikation dauerhaft vollständig beherrschen zu können, regt sich der Widerstand aller Denkfiguren, die den Menschen (auch) als ein freies Wesen verstehen. Freiheit aber führt Unverfügbarkeit mit sich, gerade in der Steuerung von Kommunikation in Gestalt von Lehr-Lern-Prozessen. Die Frage stellt sich, wes Geistes Kind in den Zwischenräumen sichtbar wird.

An dieser Stelle wird Theologie (im Gespräch mit den Kultur- und Sozialwissenschaften) von einem Mitsprecher der Analyse des Mensch-Seins schlechthin zu einem Fürsprecher einer bestimmten, widerständigen Botschaft des Heils. Mit anderen Worten: Die (in anderen Sprachformen heute noch in

weiten Teilen) konsensfähige Analyse der Turmbaugeschichte, in der gleichermaßen die Brüchigkeit von Kommunikation
und der dementsprechende kulturelle Gestaltungsauftrag zur
Erlangung einer sozialfähigen Kommunikation zum Ausdruck kommen, trifft auf die Botschaft des Gesetzes und des
Pfingstgeschehens. In die universalanthropologischen Perspektiven von Kommunikation als Gefährdung und Auftrag wird
als Irritation die Botschaft eines Ermöglichungsgrundes von
Kommunikation eingetragen, der als das Unsagbare namhaft
gemacht werden kann: in der Orientierung am und der Fürbitte um den Heiligen Geist.

4   Die Differenz – Zur Kriteriologie der Differenzen

Jürgen Moltmann war in seinem Entwurf einer zeitgemäßen
Pneumatologie zu dem Diktum gelangt, dass „die lateinamerikanische Befreiungstheologie ... der erste überzeugende Entwurf [ist], Gottesglauben und Freiheitswillen so zu verbinden,
wie es die biblischen Traditionen nahelegen.“[48] Im Hintergrund
dieser Aussage steht offensichtlich eine Denktradition, in der
eine konsequent anthropologische Analyse und ein von den
biblischen Überlieferungen aus gewonnener Richtungsimpuls
dialektisch miteinander verschränkt werden. Die Würdigung
menschlicher Freiheit einerseits und der Einbruch von etwas
Vorgegebenem, die menschliche Freiheit nicht Aufhebendem,
sondern Qualifizierendem in eben diese Freiheit andererseits
können nicht voneinander getrennt betrachtet werden. Bezieht
man diese Denkfigur auf den zuvor entwickelten Gedankengang, so liegt es nahe, die Kontaktstelle zwischen (auf eine
spezifische Gestaltung und Verantwortung der Kultur gerichtetem) Freiheitswillen und (aus den biblischen Überlieferungen gespeistem) Gottesglauben genau in dem Wirkraum der

---

48 J. Moltmann, Der Geist des Lebens. Eine ganzheitliche Pneumatologie,
   München 1991, 121.

Differenz anzusiedeln. Es geht um Kommunikation, um Kommunikationsfähigkeit – sowohl der Menschen untereinander als auch der Menschen mit Gott bzw. Gottes mit den Menschen. Es gibt – so die Hypothese Moltmanns auf den vorliegenden Zusammenhang hin weitergedacht – keine voraussetzungsfreie Konstituierung bzw. Re-Konstituierung von Kommunikation. Kommunikation als solche scheint auf den ersten Blick orientierungs- und richtungslos, ein sich selbst genügender Prozess zu sein. Beim zweiten Bedenken dieses Prozesses jedoch gelangt – auch in den hier aufgeführten pädagogischen Beispielen – eine normative Fundierung an die Oberfläche, die Fragen aufwirft und beantwortet wie: Worauf verweist diese oder jene (Re-)Konstituierung von Kommunikation? Von welchen Orientierungen ist diese Konstituierung geleitet und wohin führt sie demnach? Oder pointiert: Für wen oder was ergreifen die Inhalte der Re-Konstituierung von Kommunikation Partei, welch kommunikativ-advokatorische Position wird markiert?

An dieser Stelle kann eine biblische Theologie des Heiligen Geistes mit einer kultur- oder sozialwissenschaftlichen Anthropologie ins Gespräch kommen, wird dabei jedoch zugleich die Unterscheidungen ermöglichenden Fundierungen als ihr eigentliches Gesprächsangebot (quasi auf einer Meta-Ebene der didaktischen Differenz) anführen. Das Ins-Gespräch-Bringen steht dabei aus theologischer Sicht vor der Herausforderung, nach innen und nach außen „falsche imperiale Integrations- und Vereinheitlichungsphantasien aufzugeben"[49] und gleichzeitig mit Rückbezug auf die biblischen Überlieferungen sprachfähig zu werden bzw. zu bleiben. Chance und Grundlage einer Neuorientierung in den gegenwärtigen kirchlichen, politischen und sozialen Verhältnissen liegen dann aus theologischer Sicht gleichermaßen „in der Auflösung der abstrakten theistischen Machtfiguren" und der reflexiv eingeholten

---

49 M. Welker, Kirche im Pluralismus, Gütersloh 1995, 46.

Offenheit „für das lebenserneuernde, schöpferische Wirken des Geistes Gottes"[50]. Ins Zentrum rückt dann die Frage, wes Geistes Kind in dem Wirkraum der didaktischen Differenz sichtbar (gemacht) wird. Bei der Konturierung einer solch kommunikativ-advokatorischen Pneumatologie werden die Begrenzung und die Ermöglichung von Kommunikation unter dem Vorzeichen eines kritischen Fragerasters gleichermaßen zu betonen sein. Ein solcher Orientierungsrahmen, quasi ein dialogischer Gesprächsleitfaden, kann hier vor dem Hintergrund der Verständigungsvorschläge über eine zeitgemäße Lehre vom Heiligen Geist abschließend nur in drei Grundbeziehungen angedeutet werden: den Relationen (a) von Kirche und Welt, (b) von Erfahrung und Offenbarung sowie (c) von Individualität und Sozialität. Dabei ist die Positionierung in der erstgenannten Relation Voraussetzung dafür, überhaupt eine entsprechende Reichweite der Gesprächsbereitschaft in Hinsicht auf die beiden anderen Relationen zu begründen. Mit anderen Worten: Die erste Relation diskutiert die Bereitschaft, ob sich Theologie und Kirche überhaupt für das Turmbau-Kollektiv zu Babel oder „nur" für ein heimisch gedeutetes Pfingstgeschehen zuständig wissen.

4.1 Zwischen Kirche und Welt

Gerade in der Diskussion um eine Lehre des Heiligen Geistes zu Beginn des 21. Jahrhunderts wurde die Frage nach dem Verhältnis von Theologie bzw. biblischer Überlieferung und (menschlicher) Kultur neu aufgeworfen. Wie weit darf sich die christliche Theologie auf den Ausdrucksrahmen einer bestimmten Kultur einlassen? – Diese vielfach diskutierte Frage setzt letztlich eine Klärung der sehr viel fundamentaleren Kontroverse voraus, ob sich „Kirche" als quasi selbstreferentielles System primär auf

---

50 Welker, Kirche, 44f.

die eigene Institution zu konzentrieren (bzw. je nach Deutung: zu reduzieren) habe. Dementsprechend steht im Hintergrund von Positionen, die eine offene Debatte über Möglichkeiten und Grenzen zeitgemäßer Inkulturation des Christlichen fordern, zunächst eine Kritik an etablierter (zumeist westlicher) Kirchlichkeit.

José Comblin beispielsweise hebt mit Blick auf die jungen christlichen Gemeinden in Lateinamerika die Alternative von „Institution" und „Geisterfahrung" hervor, bei der die (verhängnisvolle) Herrschaft des Institutionellen (Festlegung der Liturgie, Etablierung kirchlicher Machtstrukturen) in die Zeit der Alten Kirche zurückverlagert wird. Das Institutionelle und der damit verbundene Christomonismus seien heute jedoch in eine fundamentale Krise geraten, denn „gegenwärtig erleben wir, wie die alte Kirche der Christenheit im Sterben liegt."[51] Die Wiederentdeckung der Erfahrung des Heiligen Geistes markiere einen epochalen Einschnitt, denn „damit würde die Entwicklung der Kirche des Abendlandes seit dem 3. Jahrhundert radikal umgekehrt."[52] Die Konsequenz liegt darin, dass sich Theologie und eine erneuerte Gestalt von Kirchlichkeit über eine zeitgemäße Lehre vom Heiligen Geist auf die (sozialen und politischen) Bedingungen von Welt einzulassen haben – kriteriengeleitet vor allem durch eine biblisch gespeiste Vision personaler Integrität und sozialer Gerechtigkeit. Eine solch universalanthropologische, die Grenzen des Kirchlichen übersteigende Kommunikationsbefähigung durch den Heiligen Geist proklamiert beispielsweise auch die koreanische Theologin Chung Hyun Kyung[53], für die die außerliturgischen Erfahrungsräume von Gottes Geist von zentraler Bedeutung sind. Das Pfingstereignis in seiner zweifelsohne

---

51 Comblin, Geist, 220.
52 Ebd., 63.
53 Vgl. Chung Hyun Kyung, Schamanin im Bauch, Christin im Kopf. Frauen Asiens im Aufbruch, Stuttgart 1992.

auch konstitutiven Bedeutung für die Kirche eröffne eine neue Möglichkeit der Kommunikation allgemein und damit Hinwendung zur Brüchigkeit und Fragmentarität in der Welt. In der daraus resultierenden Sozialität müsse die Parteilichkeit Gottes für die Armen und Rechtlosen zum Ausdruck kommen. Die Gabe des Geistes verweist kirchliches Handeln geradezu auf die Nöte der Welt, auf erlittenes Unrecht und zerstörte Kommunikation über die Grundlagen des Lebens. Das Wirken des Heiligen Geistes ist bei allem Ausgang vom binnenchristlichen Pfingstgeschehen in dieser theologischen Sichtweise zugleich ein universalanthropologisches, die Grenzen der Kirchlichkeit übersteigendes Ereignis und kann zudem nicht jenseits seiner kontextuellen Parteilichkeit gedeutet werden. „Als Gottes Geist am Pfingsttag auf die Menschen kam, hat Gott sich ihrer gebrochenen Herzen angenommen und sie zur Nachfolge aufgerufen. ... Die gemeinsame Sprache ... wurde an Pfingsten grundlegend neu wiederhergestellt. ... Es war eine Sprache der Befreiung, der Verbindung und Vereinigung von unten."[54] Der Ort des Heiligen Geistes ist der seiner Parteinahme in der Konstituierung einer neuen Kommunikation, einer neuen Sozialität: Die zeitgemäße Pneumatologie kann nur als eine kommunikativ-advokatorische reflektiert werden – von einem universal verstanden Pfingstgeschehen aus, als Aufhebung des Entzugs von Kommunikation im Turmbau-Geschehen.

Welche Funktion kann von diesem Ansatz aus einer ekklesiologisch-zentrierten Zugangsweise zum Heiligen Geist, wie sie paradigmatisch von der Orthodoxie reklamiert wird, dann noch zukommen? Diese Sichtweise verweist vor allem auf die Liturgie als den Ort, an dem der Geist Gottes quasi exklusiv und einzig authentisch erfahren werden kann. Denn

---

54 In: W. Müller-Römheld (Hg.), Im Zeichen des Heiligen Geistes. Bericht aus Canberra. Offizieller Bericht der Siebten Vollversammlung des Ökumenischen Rates der Kirchen, Frankfurt 1992, 51.

konstituierende Basis für die Glaubwürdigkeit und Lebendig-
keit der Liturgie ist das Pfingstereignis in einer spezifischen Fokussierung: einst und jetzt als das Geburtsereignis von Kirche.
Diesem Ereignis komme eine zentrale Stellung im Verständnis
des Christlichen schlechthin zu. „Das größte Fest der Kirche ist
Pfingsten. Es ist ihr eigentlicher Geburtstag, an dem sie ihren
Weg begann, an dem der Heilige Geist Ostern mit dem Him-
melreich verknüpfte. Ohne Pfingsten, ohne den Heiligen Geist
kann es keine Kirche geben."[55] In diesem ökonomisch-kreativen
Sinne könne letztlich das ganze Wesen der Kirche als vom Hei-
ligen Geist bestimmt und durchdrungen angesehen werden.
Der Schlüssel zur erneuerten Kommunikation ist die kirch-
liche Liturgie, der Ort des Heiligen Geistes der Gottesdienst.
Diese Perspektive scheint mit dem Verweis auf die existentielle
Dimension der sich gleich bleibenden Überlieferung eine unverzichtbare Korrektur- und Mahnfunktion einzunehmen. Es
ist die mahnende Erinnerung daran, dass jedes Einlassen auf
Kultur und die sich wandelnden Gegenwarten – zumindest von
Zeit zu Zeit – begleitet sein muss von der kritischen Rückbin-
dung an das jenseits der Zeit liegende Göttliche, so sehr sich
Gott selbst auf die Seite der Schwachen und Rechtlosen stellt.
Dass gerade die vorreflexiv wirkende Göttliche Liturgie in ih-
rer Tiefendimension eine ganz eigene (anthropologisch gesät-
tigte) Reflexivität mit sich führt, ist dabei der entscheidende
Fixpunkt.

4.2 Zwischen Erfahrung und Offenbarung

Die Notwendigkeit einer solchen Rückerinnerung und Rück-
bindung (wenn auch mit anderen Akzenten) spiegelt sich beispielsweise in der Auseinandersetzung mit Erfahrung und Offenbarung im Kontext der Pneumatologie wieder. Was vermag

---

55 Parthenios, Patriarch von Alexandrien, in: Müller-Römheld, Zeichen, 40.

Theologie in das Gespräch um die Differenz eigentlich einzubringen, wenn Erfahrung ins Zentrum der Selbstreflexion des Christentums rückt? Eine Legitimierung von Erfahrung an sich, eine in bestimmter Weise ausgerichtete Qualifizierung von Erfahrung oder gerade eine Infrage-Stellung bzw. gar Kritik der Erfahrung? Der entscheidende Unterschied wird durch den der Erfahrung zugeschriebenen Status markiert: Handelt es sich bei der Erfahrung um ein geleitetes, vorgeprägtes Geschehen in dem Sinne, dass biblische Überlieferung sich im Abgleich mit Alltag zu bewähren hat und zugleich als Lesebrille eine Kritik des Alltags ermöglicht? Oder handelt es sich – typologisch betrachtet ganz im Gegenteil – bei der Erfahrung um den Konstituierungsgrund des christlichen Glaubens schlechthin, vor dem sich auch die biblische Überlieferung zu legitimieren hat und von dem sie selektiert wird? Das unterschiedliche normative Gefälle ist deutlich und wohl letztlich unaufhebbar.

Wie mit diesem normativen Gefälle umgegangen werden könnte, zeigt sich in einer anthropologisch fokussierten Re-Lektüre von Michael Welkers Lehre vom Heiligen Geist. Zwischen ausgenüchtert-reduktionistischem Rationalismus und reflexionsferner charismatischer Frömmigkeit verweist Welker darauf, dass das gesamtbiblische Zeugnis vom Heiligen Geist dem Menschen eine Art kriteriengeleitetes Vorverständnis an die Hand gibt, mit dessen Hilfe das Mensch-Sein gleichermaßen auf Individualität und Sozialität hin in seinen Grenzen beschreibbar, also kritisierbar (im ursprünglichen Sinne) wird. Kern dieses Vorverständnisses ist eine Neuformulierung des Gesetzes-Begriffs als „strenge(r) Funktionszusammenhang von Recht, Kult und Erbarmen"[56]. Das Gesetz beschreibt im Sinne Welkers einen Zusammenhang, mit welchem dem Einzelnen und den Menschen als sozialer Gruppe eine Perspektive an die

---

56 Welker, Geist, 111.

Hand gegeben ist, das Leben als gelingendes Leben zu beschreiben. Dieser auf gelingendes Leben ausgerichtete Zusammenhang umgreift die hebräische und griechische Überlieferung, bildet somit ein Kontinuum in allen biblischen Schriften. Dieses Kontinuum kann vor allem in den Bestimmungen entdeckt werden, „die das Erbarmen sowie den Zusammenhang von Recht und Erbarmen betreffen".

Von diesem Kernzusammenhang von Recht und Erbarmen aus gewinnt auch der Bezug des Menschen zu Gott im „Kult" seine Tragfähigkeit und Berechtigung. Eine solchermaßen geprägte Offenbarung des „Gesetzes" gibt damit eine Lesebrille der Wirklichkeit an die Hand – keine unmittelbar in Moralität zu übersetzenden Handlungsanweisungen, sehr wohl jedoch Kriterien, anhand derer Wirklichkeit überprüfbar und in ihren Grenzen und Möglichkeiten unterscheidbar gemacht wird. Verbindend ist dabei eine Leitorientierung an den „Schwachen, Vernachlässigten, Ausgegrenzten und Hinfälligen"[57]. Der Lebensbezug und die Erfahrbarkeit des christlichen Glaubens unter dem und durch das „Gesetz" lassen sich so jenseits historischer Kontextualitäten thematisieren und gleichzeitig auf bestimmte kontextgebundene Herausforderungen der Zeit hin konkretisieren. Gekoppelt ist Hermeneutik mit einer Theorie der Balance zwischen den drei Dimensionen des Gesetzes, Recht, Erbarmen und Kult. Die Negierung eines Teils negiert das Ganze. Eine relative Balance der Dimensionen ist Voraussetzung dafür, Gottes Geist in dem Wirkraum der Differenz ansichtig werden zu lassen, den Geist als Heiligen Geist in dem eigentlich Unaussprechbaren namhaft zu machen. Denn letztlich zielt Gottes Geist danach auf eine Neukonstituierung der Kommunikationsfähigkeit der Menschen, die ohne den Zusammenhang von Recht, Erbarmen und Kult substantiell nicht denkbar ist. Damit ist deutlich, dass es in diesem theologischen

---

57 Welker, Geist, 16.

Gesprächsangebot nicht um die Feststellung der Einheit einer allgemeinmenschlichen Religiosität gehen kann. Vielmehr wird unter der Maßgabe des Gesetzes das Verhältnis Gottes zur Welt als „Konflikt Gottes mit den Mächten und Eigenmächtigkeiten der Geschöpfe dieser Welt"[58] gekennzeichnet. Das Wirken von Gottes Geist stellt eine neue, eine erneuerte Qualität der Kommunikation in Aussicht.

4.3 Zwischen Individualität und Sozialität

Das Einlassen auf den Erfahrungsbezug und die Versuche, die Geister der Kommunikation zu unterscheiden und den im biblischen Sinne Heiligen Geist namhaft zu machen, resultiert aus bzw. basiert auf der Annahme eines Offenbarungsgeschehens und führt zugleich eine Vision der Überwindung von Kommunikationshemmnissen mit sich. In den Blick kommen die „Verheißungen des Wirkens des Geistes, die eine Erfüllung dieses auf universale Verwirklichung von Recht und Erbarmen zielenden Gesetzes in Aussicht stellen"[59]. Für das Gespräch über den Wirkraum in der didaktischen Differenz hält diese Sichtweise somit Rückfragen und Prüfkriterien bereit, die sowohl die Individualität als auch die Sozialität des Menschen qualifizieren.

Die individuelle Dimension der kommunikativen Entfremdung, des Auf-sich-selbst-Zurückgeworfen-Seins angesichts der Fragmentierung von Kommunikation wird theologisch kontrastiert durch den Gedanken einer neuen, befreienden Spiritualität. Die Suche nach einer solchen Spiritualität und deren Einübung verweisen nach Jon Sobrino auf nichts anderes als „die Frage, wie wir auf die Offenbarung Gottes in unserer konkreten Geschichte antworten."[60] Für Sobrino kommt der differenzstiftende Geist

---

58 Ebd.
59 Ebd., 29.
60 J. Sobrino, Geist, der befreit. Lateinamerikanische Spiritualität, Freiburg 1989, 40.

Jesu programmatisch in der Bergpredigt zum Ausdruck und in diesem Sinne geht es ihm auf dem Weg zu einer „Spiritualität der Befreiung"[61] darum, dass „wir tun, was Jesus getan hat, und daß wir dies auch immer mehr tun wie Jesus."[62] An diesem Punkt wird deutlich, dass unter dem Gesichtspunkt einer erneuerten Kommunikationsfähigkeit die individuelle und soziale Dimension des Mensch–Seins untrennbar ineinander verwoben sind. „Das Heil des Einzelnen, die Wohlfahrt der Kreaturen und der Friede der Gemeinschaften bedingen sich wechselseitig"[63] in dem Sinne, dass „die globalen Zerstörungen auch als Verstörungen unserer seelischen Kräfte auftreten". Deswegen komme es auf die „Erarbeitung einer ökumenischen Seelsorge" an, wobei „Seelsorge als eine Arbeit für die Lebensenergie, die nicht nur uns, sondern alle Kreaturen beseelt und erhält", verstanden wird. Überdies ist die Erneuerung oder Wiederherstellung der Kommunikationsfähigkeit nicht ohne eine kritische Parteinahme innerhalb der den Alltag bestimmenden Mächte denkbar. Die Schlussfolgerung von Geiko Müller-Fahrenholz zielt darauf, nach Gemeinschaftsstrukturen erneuerter Kommunikation zu suchen, in denen eine Versöhnung von Individualität und Sozialität unter dem Vorzeichen des Advokatorischen im Sinne des oben skizzierten Strukturzusammenhangs von Erbarmen, Recht und Kult möglich ist bzw. werden kann. Benötigt würden in jedem Fall „tröstende Gemeinschaften, Orte konkreter und zuverlässiger Solidarität"[64]. Diese hätten sich unter anderem im „Kampf

---

61 Sobrino, Geist, 26.
62 Ebd., 19.
63 G. Müller-Fahrenholz, Erwecke die Welt. Unser Glaube an Gottes Geist in dieser bedrohten Zeit, Gütersloh 1993, 70ff.
64 Müller-Fahrenholz, Welt, 194.

gegen das Elend der Mega-Städte" und im „Kampf für die (Wieder-)Entdeckung ökosystemisch sinnvoller Kulturtechniken"[65] zu engagieren.

In der Beziehung des Menschen zu sich selbst, des Menschen zu anderen Menschen und des Menschen zu seiner (Um-) Welt bildet die Aufhebung der brüchigen, mit Blick auf Heil und Unheil orientierungsneutralen und solchermaßen aus biblischer Sicht entfremdeten Kommunikation eine zentrale und bleibende Herausforderung. Will man – was vielleicht auf den ersten Blick kühner anmutet, als es auf den zweiten Blick tatsächlich sein mag – nach einem Anknüpfungspunkt im Gespräch einer anthropologisch fundierten Dialektischen Theologie mit der „säkularen" Pädagogik suchen, so könnte der Wirkraum in der „didaktischen Differenz" ein solcher sein. Aus theologischer Sicht könnte in ein solches Gespräch zunächst die Frage eingetragen werden, ob in dieser Differenz sowohl hinsichtlich der in ihr zu entdeckenden methodischen Überbrückungsstrategien als auch hinsichtlich der bei den Lernenden unterstellten Bilder des Mensch-Seins implizite Normen mitgeführt werden. Die Herausforderung besteht genau darin, pädagogische Situationen und Institutionen in ihrer systemischen Struktur mit den impliziten Normen zu analysieren. Die Offenlegung derselben als erster und deren Diskussion als zweiter Schritt wären Anliegen einer Theologie, die über Religions- und Gemeindepädagogik hinaus auch mit den jenseits des Christentums liegenden Prozessen von Erziehung und Lehren ins Gespräch kommen will. Dass dabei auf dem Hintergrund der Diskussion um den Heiligen Geist in den letzten Jahrzehnten gerade solche Ansätze eine weiterführende Perspektive bergen, die den kommunikationserneuernden Aspekt mit Fragen nach der advokatorischen Positionierung Gottes durch den Heiligen Geist verbinden, liegt insofern nahe, als

---

65 Ebd., 231.

gerade durch den letztgenannten Aspekt der Erfahrungsbezug des christlichen Glaubens in Kommunikationsprozesse übersetzt wurde, ohne in ihnen als Letztinstanz aufzugehen.

Die Grenze[1] –
Liebe und die Grundlegung der Freiheit[2]

1 Eine Ordnung der Perspektiven

Zu den wenigen Eigenschaften, die allgemein und universal dem Menschen zugeschrieben werden können, gehört das Lernen. Jenseits aller Differenzen des Geschlechts, der biologischen Verfasstheit oder der sozialen Herkunft ist ein Mensch zwischen Geburt und Tod auf seiner innerweltlichen Reise auf Lernen angewiesen. Diese Aussage ist an sich banal, jedoch notwendig in Erinnerung zu rufen, wenn die pädagogische Perspektive der nachfolgenden Überlegungen deutlich werden soll. Dass der Mensch in seinem Lebenslauf auf Lernen angewiesen ist, bildet den allgemeinsten Nenner, über den letztlich auch ein Symbol wie „Liebe" pädagogischem Denken und Handeln zugeordnet werden kann. Denn ein pädagogisches Interesse an Liebe richtet sich auf den Zusammenhang von Liebe und Lernen und begreift „Liebe" als ein Symbol, von dem aus „Lernen" eine nähere Bestimmung erfährt[3].

---

1   Diese Studie wurde zuerst unter dem Titel „Die Grenze – Zur Doppelstruktur pädagogischer Liebe" im Jahrbuch für Biblische Theologie, Band 29, mit dem Themenschwerpunkt „Liebe" (Neukirchen 2015, 367-386) publiziert. Ich danke dem Neukirchener Verlag für die Genehmigung des unveränderten Abdrucks.

2   Die nachfolgenden Ausführungen stehen in engem Zusammenhang mit meinen früheren Überlegungen zum Zusammenhang von Erziehung und Heiligem Geist, die in dem Beitrag „Die Differenz – Perspektiven einer kommunikativ-advokatorischen Pneumatologie" (in: Jahrbuch für Biblische Theologie, Bd. 24: Heiliger Geist, Neukirchen-Vluyn 2011, 369-397) entfaltet wurden. Differenz und Grenze sind zwei Elemente des Zwischen, in dem Erziehung als Steuerung von Lernprozessen zu verorten ist.

3   Der Zusammenhang von Pädagogik und Liebe hat in den letzten Jahren zunehmend Beachtung erfahren. Verwiesen werden kann unter anderem auf die Arbeiten von S. Seichter „Pädagogische Liebe. Erfindung,

Eine solche Deutungsperspektive ist die einer anthropolo-
gischen Pädagogik, die von einer universalen pädagogischen
Grundkonstitution des Mensch-Seins ausgeht. Im Unterschied
zur pädagogischen Anthropologie, in die in der Regel Impulse
aus anderen Wissenschaften wie der Verhaltenswissenschaf-
ten, der Neurowissenschaften, der Psychologie oder auch der
Philosophie eingetragen werden, setzt die anthropologische
Betrachtungsweise in der Pädagogik[4] bei dem elementaren
Sachverhalt des Lernens ein, um ein Symbol wie „Liebe" vom
Lernweg aus in ein Verständnis des Menschen einzuordnen.

Hierfür ist es – in einer Art Vergewisserung der Arbeitsbe-
griffe – zunächst sinnvoll, sich eine elementare Unterscheidung innerhalb der Pädagogik zu vergegenwärtigen. Diese Unterscheidung betrifft die beiden typischen Perspektiven, von
denen aus „Lernen" pädagogisch betrachtet wird. *Auf der einen
Seite* steht in der Tradition deutscher Sprachsymbole die Deutung des Lernens über „Erziehung". Mit Erziehung wird jene
Perspektive in den Blick genommen, die das Lernen als einen
von außen beeinflussten Vorgang versteht. Vor und jenseits
aller Befrachtung mit Zielen oder Wirkungsannahmen steht
im Zentrum von „Erziehung" eine Handlung, eine Operation,
die allgemein als Steuerung von Lernprozessen umschrieben

Blütezeit und Verschwinden eines pädagogischen Deutungsmusters"
(Paderborn 2007) und den von J. Bilstein und R. Uhle herausgegebenen
Band „Liebe. Zur Anthropologie einer Grundbedingung pädagogischen
Handelns" (Oberhausen 2007). Vor dem Hintergrund der Missbrauchsskandale liegt ein besonderer Akzent dabei auf dem Zusammenhang
von Liebe, Erziehung und Eros. Vergleiche hierzu die Arbeit von J. Oelkers
„Eros und Herrschaft. Die dunklen Seiten der Reformpädagogik" (Weinheim 2011) sowie den von E. Drieschner und D. Gaus herausgegebenen
Band „Liebe in Zeiten pädagogischer Professionalisierung" (Wiesbaden
2011). Im vorliegenden Kontext wird der Zugang über eine zugleich ope-
rative und strukturelle Konzeption von Erziehung gewählt (siehe Anm. 2).
4   Vgl. hierzu O. F. Bollnow, Die anthropologische Betrachtungsweise in
der Pädagogik, Essen ³1975 und ders., Anthropologische Pädagogik (1971),
Bern ³1983.

werden kann. Der Mensch wird in seinem Lernen mit intentional von außen kommenden Steuerungsimpulsen konfrontiert und das absichtsvolle Arrangement eben jener Impulse kann als „Erziehung" bezeichnet werden.

Dem steht *auf der anderen Seite* jene Selbstreferentialität gegenüber, in der ein Mensch sein eigenes Lernen wahrnimmt, verarbeitet und verantwortet. Der Mensch lernt in gewisser Weise in sich, für sich und mit sich. Für diese internen Steuerungsprozesse wurde in der deutschen Tradition angesichts der Umbrüche im 18. Jahrhundert das Sprachsymbol „Bildung" eingeführt. In dieser Perspektive geht es um das Verhältnis des Menschen zu seinem eigenen Denken und Fühlen, es geht um das Verhalten des Menschen sich selbst gegenüber. Nicht zuletzt geht es auch um die Verarbeitung der an einen Menschen von außen herangetragenen Steuerungsimpulse – aber eben intern, vom und im einzelnen Menschen selbst. Es ist das Postulat der Freiheit, das hier unterstellt und praxisrelevant wird. Das anthropologische Modell „Bildung" ist seinem Ursprung nach ein Deutungsmuster des Lernwesens Mensch aus dem Geist der Aufklärung unter protestantischen Vorzeichen. Anders formuliert: Bildung ist ein spezifisch protestantisches Modell zur Deutung des Menschen im Gefolge der Aufklärung. Dies ist an anderer Stelle skizziert worden[5].

Die Trennung von Erziehung und Bildung ist eine ebenso heuristische wie typologische. Denn so deutlich beide Symbole voneinander unterschieden sind, so sind sie doch gleichzeitig auch aufeinander verwiesen und ineinander verwoben. Der Mensch als ein in Freiheit geworfenes Wesen steht vor der Herausforderung, seinen Lebenslauf bewusst als Lernweg

---

5 Vgl. hierzu ergänzend meine Überlegungen in den Beiträgen „Pragmatischer Atheismus. Freiheit als Leitmotiv protestantischer Bildung" (in: Zeitschrift für Pädagogik und Theologie 65 [2013], 142–154) und „Bildung als Kultur des Protestantismus" (in: Bildung als protestantisches Modell, hg. von R. Koerrenz, Paderborn 2013, 17–39).

anzunehmen und zu bewältigen. Verarbeitung externer Impulse und deren reflexive innere Bewältigung haben im Lernen ihren Fluchtpunkt. „Erziehung" und „Bildung" sind – mit ganz unterschiedlichen Ausrichtungen – Prozesse der Bewältigung von Freiheit. Gemeinsam ist Erziehung und Bildung, dass beide Prozesse im Gefolge der Aufklärung zumindest im sogenannten westlichen Kulturkreis durch die anthropologischen Postulate der Aufklärung unwiderruflich geprägt sind: Freiheit, Mündigkeit und die Frage nach dem Nomos für die Gestaltung des eigenen Lebenslaufs. Auch wenn gerade die letztgenannten Aspekte bereits in den europäischen Grundlagen einer aufgeklärten Pädagogik bei den Sophisten und in der hebräischen Tradition modellhaft vorgeprägt waren[6], so bekommt die Frage nach dem den Menschen leitenden Gesetz erst im Gefolge der europäischen Aufklärung für das Individuum ein allgemeinverbindliches Gewicht.

Für den vorliegenden Kontext kommt es darauf an, sich des Punktes bewusst zu sein, an dem Liebe überhaupt ein *pädagogisches* Thema werden kann, sofern darunter nicht nur ein Inhalt des Lernens oder eine vermeintlich eindeutig „liebevolle" Handlungsweise moralisch-ethischer Art verstanden werden soll. In beiden Hinsichten wäre „Liebe" lediglich ein Instrumentalisieren von etwas offensichtlich Gutem und Schönen (oder doch Ambivalenten?), bei dem zumindest die Gefahr bestünde, dass letztlich auch biblisch-theologische Motive nur als Tarnanzug menschlicher Befindlichkeiten herhalten könnten. „Liebe" jedoch ist letztlich ebenso wie „Gott" in einer gewissen Weise dem menschlichen Verstandesvermögen nicht zugänglich – höchstens in Annäherungsversuchen, letztlich jedoch sprachlich und sachlich im instrumentellen

---

6 Vgl. hierzu ergänzend meinen Beitrag „Aufklärung durch Erziehung. Über die pädagogischen Paradigmen der europäischen Kultur" (in: M. Fröhlich u.a., Bildung und Kultur. Illustrationen, Jena 2010, 19–51).

Sinne unverfügbar. Eine Besonderheit ist überdies, dass das Symbol „Liebe" sehr unterschiedliche, ja zum Teil widerstreitende Aussageperspektiven vereint. Platon unterschied einst zwischen *eros, philia* und *agape*, wobei die Begriffe nicht immer trennscharf waren. Das deutsche Symbol „Liebe" hat all diese Bedeutungsfelder aufgesogen – es ist dadurch gleichermaßen universal wie missverständlich. Das sprachliche Leistungspotential von „Liebe" pendelt – je nach Betrachtung – zwischen einer kommunikationsstiftenden Kontingenzformel und einer inhaltsleeren Kommunikationschiffre. Wenn nachfolgend mit der Verwendung des Symbols „Liebe" primär auf die Bedeutungsdimension der *agape* als der selbstlosen Orientierung am Anderen Bezug genommen werden soll, so muss jedoch berücksichtigt werden, dass sich in dieser Bedeutung das Problem im Umgang mit dem Symbol „Liebe" quasi verdoppelt. So wie „Liebe" insgesamt als eine Kontingenzformel oder Kommunikationschiffre von einer weitreichenden Uneindeutigkeit durchzogen ist, so steht die vermeintliche Konkretion von „Liebe" als *agape* auf ihre Weise nochmals unter den Vorzeichen des Unscharfen, des Nicht-Messbaren und letztlich Stammelnden. Denn genau diese Unschärfe des im technischen Sinne Unverfügbaren zeichnet inmitten einer richtungsgebenden Orientierung am Anderen den Agape-Gedanken selbst aus. So wenig wir also eine unmittelbare Sprache für „Gott" haben, so wenig haben wir eine ausdefinierbare sprachliche Verfügbarkeit von „Liebe" – was nahelegt, entweder darüber zu schweigen oder aber mittelbar (etwa über die biblische Überlieferung oder über innerweltliche Erzählungen) nach vorläufigen Sprachhilfen zu suchen. Dies ist pädagogisch insofern von zentraler Bedeutung, als die Kopplung von Lernen und Liebe hier ihre quasi natürliche Begrenzung sowohl in der Sprache als auch in der Sache hat. Die Möglichkeiten einer Verhältnisbestimmung von Lernen und Liebe vermögen nur durch die Sprachlosigkeit des Symbols „Liebe" zur Freiheit des Menschen in seinem

Lebenslauf durchzudringen. Dabei gibt es verschiedene Annä-
herungsmöglichkeiten.

Eine Möglichkeit, Liebe und Lernen in Beziehung zu setzen,
könnte über das Symbol „Bildung" erfolgen. Dann würde der
Aspekt der *Liebe zu sich selbst* als Grundlage der internen Steuerung von Lernprozessen ins Zentrum rücken. Diese Verbindung von „Lernen" und „Liebe" hat – biblisch betrachtet – zunächst in der Tora einen Referenzpunkt, kann diese mit Blick
auf das Lernen doch vor allem als ein Ermöglichungshorizont
dafür verstanden werden, den Lebenslauf als einen zumindest
partiellen Rückweg aus der post-paradiesischen Entfremdung
zu gestalten. Vom Christus-Geschehen her betrachtet wird
dieses in der Tora formierte Motiv einer Versöhnung des Menschen mit sich selbst über eine Versöhnung des Menschen mit
Gott gekoppelt an die Dialektik von Kreuz und Auferstehung.
Für das protestantische Modell „Bildung" als Bewältigung von
Freiheit ist vor allem die Strategie der Aktualisierung dieser
Versöhnungsbotschaft als Rechtfertigung des Einzelnen „sola
fide" relevant geworden. Dieser Aspekt, dass der Mensch lernen
muss, sich selbst als ein freies und gleichzeitig verantwortliches
Wesen anzunehmen, in diesem Sinne also zu „lieben", ist ein
für das Verständnis des Lebenslaufs wesentlicher Aspekt. Das
Scheitern des Menschen an sich selbst und an seiner Mitwelt
resultiert – psychologisch buchstabiert – nur allzu oft aus einem fehlenden Ermöglichungsgrund für eine Selbstannahme.
Luthers Frage nach einem gnädigen Gott hat – anthropologisch
weitergedacht – zum Ausdruck gebracht, dass der Mensch auf
einen Ermöglichungsgrund für seine Selbstannahme angewiesen ist und zugleich ein solches Fundament nicht selbst schaffen kann. Inwieweit Luthers Prämisse, ein solches Fundament
im Christusgeschehen zu sehen, heute als Selbstdeutungsan-
gebot verständlich in Sprache gebracht werden kann, ist offen,
weil nicht zuletzt kirchliches Handeln mit einer vermeintlich
eindeutigen Übersetzung von Gottes Liebe in die Legitimation

von Repressionsmechanismen individueller und kollektiver Art (vom sexualitätsfeindlichen Richten bis hin zur Rechtfertigung ausbeuterischer Machtverhältnisse) der Botschaft zumindest teilweise den Boden der Glaub-Würdigkeit entzogen hat. Über die Möglichkeit, „Liebe" im Zusammenhang von „Bildung" als Selbstannahme zu reflektieren, werden sowohl Anschlüsse an die Seelsorge als auch an die Predigt und die Gottesdienstgestaltung erkennbar. Hier jedoch soll nachfolgend *die andere Möglichkeit* verfolgt werden, „Liebe" über Erziehung an das Lernen zu koppeln. Wir werden dabei sehen, dass die Selbstannahme des Individuums dann ein wesentliches Ziel einer von „Liebe" bestimmten Form von Erziehung sein wird. Ins Zentrum rückt jedoch die Frage, inwieweit „Liebe" ein Faktor ist, von dem das Erziehungsgeschehen geprägt sein kann. Was bedeutet es, wenn „Liebe" mit „Erziehung" verbunden wird?

2 Erziehung als Eingriff in Freiheit – Notizen an der Grenze

Erziehung ist zuerst und vor allem eines: ein Eingriff in die Freiheit anderer Menschen. Dieser Eingriff ist ein ethisches Problem, insofern – wie im Gefolge der Aufklärung naheliegend – von der Annahme einer potentiellen Gleichheit aller Menschen ausgegangen wird und dem Menschen an sich von Geburt an eine ebensolche Freiheit zugeschrieben wird. Mit diesem Problem kann unterschiedlich umgegangen werden. Das Problem kann mit dem Verweis auf Alltagsnotwendigkeiten vor allem mit Blick auf die Umsorgung kleiner Kinder und die Disziplinierung von Heranwachsenden einfach übergangen werden. Diese pragmatisch begründete Ausblendung des Problems ist wohl in der Regel der Fall. Radikale Strömungen wie die Anti-Pädagogik hingegen sakralisieren das Problem und proklamieren den vollständigen Verzicht auf Erziehung. Das erweist sich bei näherem Hinsehen als eine bemerkenswerte regulative Idee, die jedoch zugleich immer in der Gefahr steht, von den faktisch vorhandenen Machtverhältnissen und Machtprozessen in den dann doch unausweichlich vorhandenen Steuerungsprozessen von Lernen abzulenken. Und es gibt die Möglichkeit, die Freiheit der vermeintlich Unmündigen in Aushandlungsprozesse über eine verantwortliche Erziehung einzubringen. Auch dies kann wiederum mit unterschiedlichen Akzenten geschehen. Die Strömung, die gemeinhin mit der Signatur „Reformpädagogik" bezeichnet wird, hat neben einer grundsätzlich skeptischen Haltung gegenüber allem Kultur- und Fortschrittsoptimismus die Freiheitsrechte der Lernenden in einer spezifischen Akzentuierung ins Zentrum allen Nachdenkens über Erziehung gerückt[7]. Proklamiert wurde eine stellvertretende Parteilichkeit für die Rechte aller Lernenden. An der Grundkonstellation ändert jedoch selbst eine solche Parteinahme nichts. Der Eingriff in die Freiheit ist insbesondere bei Kindern, aber auch bei Jugendlichen und Erwachsenen, die vor besonderen Lernherausforderungen stehen, kaum zu vermeiden. Umso dringlicher ist es, sich des Problems reflexiv zu vergewissern.

Johann Friedrich Herbart hat im Anschluss an Kant als Lösungsweg für die ethische Ambivalenz von Erziehung, einerseits kaum vermeidbar und andererseits rechtfertigungsbedürftig zu sein, seine Allgemeine Pädagogik entworfen[8]. Neben dem universal-ethischen Erziehungsziel der Moralität ist es vor allem die Denkfigur, sich der Ambivalenz von Erziehung als einer Übernahme von Schuld bewusst zu sein, die ihn Erziehung denken lässt. Die Freiheit des Anderen, auch die des Kindes und des Jugendlichen, lässt zunächst einmal zaudern, zögern,

---

7 Vgl. hierzu ausführlicher das vierte und fünfte Kapitel meines Buches „Reformpädagogik. Eine Einführung", Paderborn 2014.
8 J. F. Herbart, Allgemeine Pädagogik aus dem Zweck der Erziehung abgeleitet (1806) (photomechanische Wiedergabe aus Bd. X der „Sämmtlichen Werke", ed. Hartenstein, Leipzig 1851), Weinheim 1963.

zurücktreten. Und dennoch muss gehandelt, müssen Verantwortung und im Sinne einer reflektierten Freiheitsberaubung Schuld übernommen werden. Im Alltag spielen diese Reflexionsprozesse wenn überhaupt nur unbewusst eine Rolle. Dennoch gibt es regelmäßig Situationen für Eltern, professionelle Pädagoginnen und Pädagogen oder andere Personen, denen Kinder und Jugendliche anvertraut sind, in denen diese Fragen nach der Legitimität des eigenen Handelns, des Eingreifens in die Freiheit des Gegenübers aufbrechen.

In diesen Situationen erscheint es notwendig, sich angesichts der Freiheit des Anderen dessen bewusst zu werden, wodurch im Prozess der Erziehung das Zwischen zwischen Erziehenden und Zu-Erziehenden geprägt ist: eine Differenz, in deren Mitte bei näherem Hinsehen eine Grenze in Erscheinung tritt. Die Wahrnehmung des Zwischen im Erziehungsprozess wird mit dem Verweis auf die Differenz und die Grenze unterschiedlich akzentuiert. Während der Verweis auf die Differenz quasi negativ auf eine zu überwindende Distanz verweist, markiert die Grenze jenen Punkt, an dem gerade jene Distanz als ein Ausdruck von Freiheit und Unverfügbarkeit auch positiv gedeutet werden kann. Der Verweis auf die Differenz ist ebenso wie der auf die Grenze weit mehr als der Verweis auf ein technisches Problem der Vermittlung. Es handelt sich um das ethische Scharnier pädagogischen Handelns. Es geht nicht nur um die Kopplung zwischen Erziehenden und Zu-Erziehenden im Sinne möglichst großer Effektivität. Es ist vielmehr die Frage, was in einem solchen Kopplungsgeschehen, in einer solchen Kommunikation, geschieht und welche Kräfte im Zwischen neben der mehr oder weniger klar rekonstruierbaren Rationalität der beteiligten Personen dort wirken.

Der Raum des Zwischen im Erziehungsgeschehen kann dazu eben nicht nur unter dem Gesichtspunkt betrachtet werden, wie Differenz überwunden und Kommunikation gegründet werden kann. Vielmehr kann auch die Frage an dieses Zwischen herangetragen werden, wie die Strategien der Kopplung ausgestaltet sind und wo gerade angesichts einer unterstellten Freiheit aller beteiligten Personen Grenzen beachtet werden müssten – Grenzen sowohl der Zielsetzung als auch Grenzen der prozesshaften Ausgestaltung von Erziehung. Genau an diesem Punkt kommt ein Symbol wie „Liebe" im umfassenden, auch biblisch-theologischen Sinne ins Spiel. Wenn die pädagogische Thematisierung von Liebe mehr sein soll als ein poetischer Beiklang von Etwas und auf die realen Prozesse in diesem Fall von Erziehung bezogen werden soll, ist es dieser Punkt des Umgangs mit der Grenze innerhalb der Differenz zwischen Erziehenden und Zu-Erziehenden, an dem das Thema operational denkbar wird. Liebe ist danach als ein spezifischer Modus der Kopplung im Erziehungsgeschehen zu betrachten, mit dem inmitten der Differenz die ethische Frage nach dem Umgang mit der Grenze thematisiert wird. Es handelt sich um die Grenze des Verfügbaren, die die Differenz ethisch qualifiziert. Inmitten all des Unverfügbaren im Erziehungsprozess als Kommunikationsereignis verweist der Umgang mit der Grenze auf Optionen, die dem Menschen im erzieherischen Handeln offen stehen. Grenzen an sich können für eine sehr unterschiedliche Sinnhaftigkeit stehen. Einerseits verweisen Grenzen auf Unzugänglichkeiten und Verborgenes, wo eine Überwindung der Grenze, eine Durchbrechung der Grenze als Befreiung erfahren wird. Grenze ist hier als ein Zu-Überwindendes im Blick, durch dessen Überwindung eine elementare Eröffnung des Menschlichen erst möglich wird. Und andererseits – und dies ist in letzter Zeit zu einer neuen Dringlichkeit geworden – verweist die Grenze auf jene Bereiche der seelischen und körperlichen Freiheit im Sinne einer zu tabuisierenden Unverfügbarkeit, die es zu schützen und zu verteidigen gilt. Grenze in diesem Sinne ist eine Grunderfahrung des Menschlichen, die im Erziehungsprozess durch eine praktizierte Achtung derselben gestärkt werden muss, um Freiheit zuallererst zu ermöglichen. Beides also, die Durchdringung und Überwindung der Grenze auf der einen Seite und der Schutz und stärkende Aufbau der Grenze auf der anderen Seite, gehört heute zum Kern des Nachdenkens über den Zusammenhang von Erziehung und Liebe.

3   Liebe als Aufbau und Stärkung der Grenze im Zwischen

Erziehung steht dann insbesondere mit Blick auf das Verhalten gegenüber Kindern jeglichen Alters vor einer geradezu paradoxen Konstellation: In Anerkenntnis der Grenze, die in der Unverfügbarkeit des Anderen begründet ist, muss zuweilen diese Grenze überwunden und verantwortliche Stellvertretung in Form der Steuerung von Lernprozessen übernommen werden.

Es ist dieses Paradox, das Kant als „eines der größten Probleme der Erziehung" bezeichnet und so zusammengefasst hat:

> „Wie cultiviere ich die Freiheit bei dem Zwange? Ich soll meinen Zögling gewöhnen, einen Zwang seiner Freiheit zu dulden, und soll ihn selbst zugleich anführen, seine Freiheit gut zu gebrauchen."[9]

Das Problem zeigt sich unmittelbar in den Situationen, an denen Kinder (und Jugendliche) ohne eine helfende, d.h. zugleich unterstützende und orientierende Steuerung durch Ältere im gesellschaftlichen Kontext nicht überlebensfähig wären. Im Säuglingsalter und in der frühen Kindheit ist eine solche leib-seelische Unterstützung des Aufwachsens evident. Es beginnt bei dem Umsorgtsein mit Nahrung und hygienischen Elementarstandards. Es geht um den Schutz von Gesundheit im leiblichen und seelischen Sinne, wie sie in der die

---

9   I. Kant, Über Pädagogik, in: Akademie-Ausgabe (AA), Bd. IX, Berlin 1968, 453.

UN-Kinderrechtskonvention[10] aus dem Jahr 1989 elementar zusammengefasst wurde. Das Wohl des Kindes soll danach durch Schutzmaßnahmen sichergestellt werden, für welche die Staaten durch geeignete „Gesetzgebungs-, Verwaltungs-, Sozial- und Bildungsmaßnahmen" Vorsorge zu treffen haben. Es geht darum,

> „das Kind vor jeder Form körperlicher oder geistiger Gewaltanwendung, Schadenszufügung oder Misshandlung, vor Verwahrlosung oder Vernachlässigung, vor schlechter Behandlung oder Ausbeutung einschließlich des sexuellen Missbrauchs zu schützen" (Artikel 19).

Damit verbunden wird

> „das Recht des Kindes auf das erreichbare Höchstmaß an Gesundheit [...] sowie auf Inanspruchnahme von Einrichtungen zur Behandlung von Krankheiten und zur Wiederherstellung der Gesundheit." (Artikel 24)

Die hierin zum Ausdruck kommende Einstellung impliziert ein überstaatlich anerkanntes Eindringen in die Freiheitssphäre der Kinder, um eben erst den Aufbau einer solchen Freiheit möglich zu machen. Der Aufbau dieser Freiheit geschieht nicht zuletzt dadurch, dass Kindern emotional und kognitiv ihr eigener Rechtsstatus vermittelt wird, der in dem Aufbau und in der Gewährleistung der Grenze gegenüber einer instrumentellen Verfügbarkeit durch Andere realisiert wird.

Nun kann diese stellvertretende Verantwortung für die Entwicklung von Freiheit insofern als ein von Liebe getragener Akt interpretiert werden, als unter Liebe die Annahme des Anderen mit seinen Stärken und Schwächen ohne Vorbehalte verstanden

---

10 Der Text findet sich beispielsweise unter: http://www.kid-verlag.de/kiko. htm.

wird. In diesem Sinne wohnt einer solchen, von dem Bewusstsein des Rechtsstatus und der Freiheit von Kindern getragenen Erziehungsauffassung immer eine Dimension der Liebe inne.

Die Frage ist nun, wie eine solche Haltung in Handlungsprozessen operational denkbar ist. Die im Anschluss an Herbart entwickelte Pädagogik vom Kinde aus zeigt eine Möglichkeit auf, wie im Allgemeinen mit diesem ethischen Problem der Durchbrechung der Freiheit praktisch umgegangen werden kann: durch eine an dem Vermögen und den Eigenheiten der Lernenden ausgerichtete Gestaltung der Lernprozesse als stellvertretende Übernahme der Verantwortung für die Entwicklung der Freiheit des Einzelnen. Genau diese Konstellation der „normalen" Stellvertretung hat Kant vor Augen, wenn er den Zusammenhang von Freiheit und Zwang differenziert aus der Perspektive der Lernenden entfaltet. So gelte es zu berücksichtigen,

> „1.) daß man das Kind von der ersten Kindheit an in allen Stücken frei sein lasse (ausgenommen in den Dingen, wo es sich selbst schadet, z. E. wenn es nach einem blanken Messer greift), wenn es nur nicht auf die Art geschieht, daß es anderer Freiheit im Wege ist, z. E. wenn es schreit oder auf eine allzulaute Art lustig ist, so beschwert es andere schon. 2.) Muß man ihm zeigen, daß es seine Zwecke nicht anders erreichen könne als nur dadurch, daß es Andere ihre Zwecke auch erreichen lasse, z. E. daß man ihm kein Vergnügen mache, wenn es nicht thut, was man will, daß es lernen soll etc. 3.) Muß man ihm beweisen, daß man ihm einen Zwang auflegt, der es zum Gebrauche seiner eigenen Freiheit führt, daß man es cultiviere, damit es einst frei sein könne, d. h. nicht von der Vorsorge anderer abhängen dürfe."[11]

In diesem Gedankengang ist das Motiv der Liebe präsent als Umgang mit und vor allem als Aushalten der Paradoxie,

---

11 Kant, Über Pädagogik, 454.

Freiheit zu negieren, um Freiheit zu schaffen. Oder anders formuliert: Die Grenze der Freiheit im Individuum zu durchbrechen, um eben diese Grenze zur Wahrung der Freiheit aufzubauen und zu stärken. Denn eine intakte Grenze und ein souveräner Umgang mit derselben ist letztlich ein Merkmal von Erwachsensein, das über Erziehung anzubahnen ist. Die seelische und leibliche Umgrenzung des Individuums und die freie Entscheidung darüber, sich durch die partielle und/oder temporäre Aufgabe von Grenzen in sozialen Konstellationen verletzlich zu machen, ist im Idealfall ein wesentliches Ergebnis gelungener Erziehung. Eine solche Freiheit wird vollständig faktisch in den seltensten Fällen erreicht. Das gesellschaftlich-irdische Sein des Menschen steht immer unter dem Vorzeichen auch der Entfremdung von sich selbst. Dennoch: Der Anspruch der Erziehung wird sich an der regulativen Idee der Freiheit des Menschen von seiner Geburt an zu messen haben.

Aus der Perspektive der Erziehenden bedeutet dies: Die Achtung der Grenze als kontrollierter Modus der Zuwendung zum Anderen kann als Ausdruck einer pädagogischen Operationalisierung von Liebe gedeutet werden. Die Motivlage aus dem ersten Korintherbrief, die Liebe sei „langmütig und freundlich, die Liebe eifert nicht, die Liebe treibt nicht Mutwillen, sie bläht sich nicht auf" (1Kor 13,4) kann angesichts der Herausforderungen im Umgang mit den faktischen Ausdrucksformen der Freiheit im Kindesalter nicht nur in den Trotzphasen als Orientierung zur Übersetzung von Liebe in pädagogisches Handeln herangezogen werden. Vor allem aber ist Liebe in pädagogischen Prozessen die Begleitmusik eines schmerzhaften Grundtons, welcher der Anerkennung der Freiheit des Anderen entspringt. Das Eintreten für eine Ermöglichung von individueller Selbstentfaltung und sozialer Partizipation geht einher mit der Möglichkeit, dass der solchermaßen Zu-Erziehende sich gegen einen selbst stellt oder zumindest eine Rückkopplung verweigert und im Schweigen verharrt. Das Bedingungslose der Liebe muss in Anerkennung der Grenze im Zwischen geradezu mit dem Ausbleiben von Resonanz rechnen. Diese Möglichkeit ist als theoretische Ahnung bereits schmerzhaft, das Eintreten einer solchen realen Situation umso mehr. Die Anerkennung der Grenze in dem Zwischen der Erziehung als Ausdruck der Anerkennung der Unverfügbarkeit des Anderen darf eben nicht mit Resonanz rechnen, ja noch nicht einmal darauf zielen, weil so genau jener Aufbau der Umgrenzung von Freiheit im Gegenüber in Frage gestellt würde, um den es letzten Endes geht. Dies ist schmerzhaft, traurig und doch die einzige Möglichkeit, Erziehung unter dem Vorzeichen von Liebe zu denken und zu gestalten. Die Hoffnung bleibt, dass sich eine nicht berechenbare Resonanz auf lange Sicht dennoch einstellt, doch instrumentell planen und sicherstellen lässt sich dies gerade nicht. Im Grunde gehört es zum Wesenskern der Verbindung von Erziehung und Liebe, diese Offenheit und Unbestimmtheit aushalten zu müssen. Dass wir es aushalten können, ist eine Frage der Bildung, die im früheren Abschnitt angerissen wurde, im vorliegenden Kontext jedoch nicht umfänglich erörtert werden kann.

Die Paradoxie einer von Liebe her gedachten Erziehung gelangt an dem Punkt zur Vollendung, wo die Anerkennung der Freiheit des Kindes und des Jugendlichen umschlägt in die Forderung an den Zu-Erziehenden, selbst ein von Liebe getragenes Verhältnis zur Umwelt aufzubauen. Die die Liebe tragende Anerkennung des Anderen nicht nur im Da-Sein, sondern auch im So-Sein findet ihre natürliche Grenze in einer Konstellation, in der das So-Sein des Einen nicht nur das So-Sein, sondern im Extremfall auch das Da-Sein des Anderen negiert. Eine paradoxe Pointe besteht gerade darin, dass Erziehende im Bewusstsein, dass sie Anerkennung gerade nicht erzwingen können, gerade eine solche Anerkennung unter dem Anschein des Zwangs einfordern müssen. Die Orientierung an der Freiheit des Anderen ist die Grenze nicht nur im Prozess der Erziehung, sondern auch eine als Ziel zu vermittelnde Kompetenz des Erwachsenseins. Der Zusammenhang zwischen einem Aufbau und einer Stärkung des Grenz-Bewusstseins im Hinblick auf die je eigene Person und die Kompetenz, die Grenze im Verhalten zu Anderen anerkennen zu können, ist vielfach vor allem psychologisch diskutiert worden. Biblisch-theologisch betrachtet realisiert sich in einer Anerkennung des Anderen nicht nur in seinem Da-Sein, sondern auch in seinem So-Sein, in seinem Anders-Sein und Fremd-Sein, das in der Tora angelegte Doppelgebot der Liebe. In der in Mi 6,8 angezeigten innerweltlichen Handlungsstruktur „Gottes Wort halten und Liebe üben", die von der Differenzerfahrung gegenüber dem ganz Anderen schlechthin getragen wird („demütig sein vor deinem Gott"), wird jene Doppelperspektivität verbunden, die in der typologischen Unterscheidung von „Erziehung" und „Bildung" zum Ausdruck kommt. In Bildung wird der Selbstbezug – getragen und eröffnet von der Anerkenntnis der vorgegebenen Formel „ich bin der Herr" – als Ermöglichungshorizont des „lieben wie dich selbst" formuliert. Verschränkt aber ist dieser Selbstbezug in den von außen kommenden Steuerungen der Lernprozesse („Erziehung") mit der Perspektive des „Nächsten" (Lev 19,18) und in letzter Konsequenz mit der des „Fremdlings" (Lev 19,34), der in Erinnerung an die eigenen Existenzbedingungen der Sklaverei eben gerade nicht nur im instrumentell verfügbaren Da-Sein, sondern in seinem So-Sein „wie ein Einheimischer" Achtung erfahren soll. Die jesuanische Radikalisierung dieser Vor-Gabe als Feindesliebe (Mt 5,44) beschreibt die Vollendung der Anerkennung der Grenze im Zwischen als Anerkennung des denkbar fremdesten So-Seins des Anderen. Pädagogisch gesprochen: Die Feindesliebe basiert auf der selbstreflexiven Verankerung der Anerkennung der Unverfügbarkeit von Anderen. In der Vermittlung von Grenzachtung als Thema und Ziel des Lernens fallen in letzter Konsequenz Erziehung und Bildung in eins.

4   Liebe als Überwindung von Grenzen

Liebe bewährt sich im Regelfall als Aufbau und Stärkung der
Grenze im Zwischen durch Erziehung und als Eröffnung bzw.
Begleitung von Bildung. In diesem Regelfall ist es quasi „nor-
mal", dass im Bewusstsein der potentiellen Schuldhaftigkeit
des erzieherischen Handelns durch eine stellvertretende Ver-
antwortungsübernahme die Grenze durchbrochen wird, um
eben dieselbe zuallererst aufzubauen, zu fördern und zu stärken. Dieser Normalfall setzt ein Mindestmaß an Ansprechbarkeit des Gegenübers, des Kindes oder des Jugendlichen, voraus.
In einer solchen Konstellation kann Liebe als Grundierung
erzieherischen Handelns gelassen sein, weil sie weiß, dass die
Kultivierung von Freiheit als Anerkennung der Grenze im Zwischen immer einen Umweg über eine Stellvertretung nehmen
muss. Der solchermaßen ausgeübte „Zwang" basiert auf einer
Normalität, in der der Aufbau und die Stärkung der Grenze ein
undramatischer, wenn auch immer fragiler Vorgang ist. Ein
Sonderfall aber ist dann gegeben, wenn in jenem Zwischen,
in dem Erziehung sich ereignet, Grenzen ganz anderer Art in
Erscheinung treten. Neben den Grenzen der Freiheit gibt es
solche, die – nicht ohne selbstkritischen Zweifel an deren vermeintlich plausibler Klassifizierung – als Grenzen der Unfreiheit bezeichnet werden können. Solche Grenzen der Unfreiheit
sind dann gegeben, wenn das Minimum an kommunikativer
Grundlage für Erziehung wenig oder gar nicht ausgebildet
wurde. Hier trifft Liebe als Einkleidung des erzieherischen Modus auf Herausforderungen anderer Art, prallt die allgemein
übliche Steuerung der Lernprozesse doch an einer unsichtba-
ren Mauer des Nicht-Ansprechbaren ab. Eine solche Konstellation ist gegeben, wenn elementarste Kommunikationsvor-
aussetzungen bei Kindern und Jugendlichen nicht vorhanden
sind. Hier rückt der Modus Liebe mit Blick auf Erziehung in
eine andere Position ein. Es geht nicht um die Qualifizierung

von Erziehung als Prozess einer Überbrückung der Differenz. Vielmehr geht es im Vorfeld darum, eine solche Überbrückung überhaupt denkbar zu machen. Liebe bewährt sich in pädagogischer Hinsicht in einer Gewährleistung der elementaren Voraussetzungen dafür, dass Kommunikation überhaupt möglich werden kann. Liebe äußert sich somit pädagogisch in einem Vorfeld der eigentlichen Erziehung als Sicherstellung der elementaren Voraussetzungen einer Ermöglichung von individueller Selbstentfaltung und sozialer Partizipation. Liebe rückt ein in das Feld einer vor-sorglichen Für-Sorge. Auf diesem Feld ergeben sich dann grundlegende ethische Probleme anderer Art, zu denen unter anderem die Abwägung von Notwendigkeit und Grenze des paternalistischen Handelns gehört. Dennoch steht außer Frage, dass der Einsatz pädagogischer Liebe als fürsorgliches Handeln gewagt werden muss, weil Alternativen schlecht denkbar sind. An zwei Beispielen soll dies illustriert werden.

Der in seinem Handeln von protestantischer Frömmigkeit getriebene Pädagoge Johann Heinrich Pestalozzi (1746–1827) hat sich in seinem berühmten Stanser Brief vor dem Hintergrund eigener Praxiserfahrungen mit dem Zusammenhang von Verwahrlosung und Erziehung auseinandergesetzt. Im Stanser Brief blickt Pestalozzi zurück auf eine sozialfürsorgerische Praxis in einem Heim für verwahrloste Kinder, das er von Januar bis Juni 1799 im Schatten der napoleonischen Kriege im kleinen Ort Stans aufgebaut hatte. Worauf es hier – jenseits der historischen Konstellation – vor allem ankommt, ist Pestalozzis Reaktion auf die Begegnung mit einer solch weitreichenden Verwahrlosung der Kinder. Pestalozzi stellt die Frage, welche elementaren Voraussetzungen erfüllt sein müssen, damit Kinder überhaupt auf Lernen allgemein und soziales Lernen im Besonderen ansprechbar sind. Diese Offenheit und Ansprechbarkeit ist alles andere als selbstverständlich.

Pestalozzi diagnostiziert die Umstände so, dass eine physische und psychische Grundbalance des Menschen die Voraussetzung für jegliche Lernprozesse bildet. Auf das Nicht-Vorhandensein einer solchen Balance müsse Pädagogik reagieren, wolle sie überhaupt mit ihrem „eigentlichen" Geschäft beginnen. Der Lernweg beginnt laut Pestalozzi bei einer elementaren leiblichen und seelischen Umsorgung. Wenn nicht auf Dressur gesetzt werden solle, dann müsse sich die erste pädagogische Aufmerksamkeit auf die elementare leibliche und seelische Verfasstheit des lernenden Individuums richten. Diese Verfasstheit werde in einem emotional geprägten Selbst- und Weltverhältnis zum Ausdruck gebracht. Basis all dieser emotionalen Verfasstheit ist für Pestalozzi aber, dass zunächst einmal die Befriedigung der täglichen Bedürfnisse sichergestellt ist. Darin äußerten sich konkret „Liebe und Wohltätigkeit", und auf dieser Basis könne so etwas wie das „Innere" eines Menschen gegründet und gesichert werden. Pestalozzis Gedanken sind in folgender Passage zusammengefasst:

> „Meine diesfällige Handlungsweise ging von dem Grundsatz aus: Suche deine Kinder zuerst weitherzig zu machen und Liebe und Wohltätigkeit ihnen durch die Befriedigung ihrer täglichen Bedürfnisse ihren Empfindungen, ihrer Erfahrung und ihrem Tun nahezulegen, sie dadurch in ihrem Inneren zu gründen und zu sichern, dann ihnen viele Fertigkeiten anzugewöhnen, um dieses Wohlwollen in ihrem Kreise sicher und ausgebreitet ausüben zu können. Endlich und zuletzt komme mit den gefährlichen Zeichen des Guten und Bösen, mit den Wörtern: Knüpfe diese an die täglichen häuslichen Auftritte und Umgebungen an und sorge dafür, daß sie gänzlich darauf gegründet seien, um deinen Kindern klarer zu machen, was in ihnen und

um sie vorgeht, um eine rechtliche und sittliche Ansicht ihres Lebens und ihrer Verhältnisse mit ihnen zu erzeugen."[12]

Es ist die Grenze der Nicht-Ansprechbarkeit, die es zu durchbrechen gilt. Dieser Durchbruch aber benötige Liebe als bedingungslose Annahme der Kinder in ihrem So-Sein, die aller Erziehung im engeren Sinne vorauszugehen habe. Der erste Schritt der pädagogischen Kommunikation ist bei Pestalozzi somit die zuwendende Wahrnehmung zu dem Anderen unter der Fragestellung, ob es diesem an elementaren Dingen des täglichen Bedarfs fehle. Diese Bedürfnisse können materieller (Nahrung, Kleidung, Schlafgelegenheit) oder ideeller (Ansprache, Anerkennung, Respekt) Art sein. Erst auf der Basis einer solchen Klärung von Individualität könne dann in zwei weiteren Schritten der Weg des Menschen in die Sozialität gedacht und durch Lernarrangements befördert werden: Im zweiten Schritt sollen Fertigkeiten „angewöhnt" und im dritten schließlich Ansichten der Um- und Mitwelt reflektiert werden. In einer Situation der potentiellen Zukunftsoffenheit thematisiert Pestalozzi somit die Frage nach den elementaren Voraussetzungen, die gegeben sein müssen, um überhaupt die Gestaltung des Lebenslaufs in Angriff nehmen zu können. Pestalozzis These lautet letztlich: Jede Form von Erziehung, die mehr als eine rein kollektiv-disziplinierende Abrichtung sein und den Menschen als Individuum in den Blick nehmen will, setzt die Gewährleistung elementarer Standards des Umsorgtseins und der Lebenssicherheit, also quasi eine Art Minimalhumanität, voraus.

Ein zweites Beispiel, in dem vor dem Horizont der gesellschaftlichen Entwicklung im frühen 20. Jahrhundert dieser Ansatz einer fürsorglichen Liebe als Fundament von Erziehung thematisiert wurde, ist die Deutung des pädagogischen Bezugs

---

12 J. H. Pestalozzi, Pestalozzis Brief an einen Freund über seinen Aufenthalt in Stans, in: ders., Kleine Schriften zur Volkserziehung und Menschenbildung (1799), hg. von T. Dietrich, Bad Heilbrunn ⁴1968, 18–38, hier 26.

bei Herman Nohl. Dieser hat 1926 in seinen „Gedanken für die Erziehungstätigkeit des Einzelnen mit besonderer Berücksichtigung der Erfahrungen von Freud und Adler"[13] die Frage nach dem Recht von Kindern und Jugendlichen auf einen Zustand, in dem „Erziehung" überhaupt erst möglich wird, aufgeworfen. Vor dem Hintergrund der sozialfürsorgerischen Arbeit von Curt Bondy und Walter Herrmann im Jugendgefängnis Hahnöversand oder von Karl Wilker im Erziehungsheim Lindenhof stellt Nohl noch einmal anders die Frage nach den Minimal- bzw. Elementarbedingungen, die aller erzieherischen Ansprechbarkeit vorausgehen. Dabei nimmt er vor allem die (sozial gestörte) Kommunikationsfähigkeit der Kinder und Jugendlichen gegenüber der ‚älteren Generation' in den Blick. In Situationen, wo die Kommunikation mit den Kindern und Jugendlichen durch entsprechende biographische Einflüsse fast unmöglich sei, fordert Nohl die „Grundeinstellung der neuen Pädagogik"[14] als unabdingbare Voraussetzung ein. Diese pädagogische Haltung sei dadurch charakterisiert, dass

> „sie ihren Augenpunkt unbedingt im Zögling hat, das heißt, daß sie sich nicht als Vollzugsbeamte irgendwelcher objektiver Mächte dem Zögling gegenüber fühlt, des Staats, der Kirche, des Rechts, der Wirtschaft, auch nicht einer Partei oder Weltanschauung"[15].

Dies ist eine von den Erziehenden einzulösende Parteilichkeit; eine Parteilichkeit, die Nohl als leitende Norm für eine pädagogische Handlungsethik setzt. Es ist die Transformation der Kopplung von Freiheit, Gleichheit und Liebe im Sinne

---

13 H. Nohl, Gedanken für die Erziehungstätigkeit des Einzelnen mit besonderer Berücksichtigung der Erfahrungen von Freud und Adler (1926), in: ders., Pädagogik aus dreißig Jahren, Frankfurt 1949, 151–160.
14 Ebd., 152.
15 Ebd.

sozialfürsorgerischer Anteilnahme, die Nohl in seiner Konzeption des pädagogischen Bezugs zusammenführt.

„Die Jugendwohlfahrtsarbeit ist Diakonie im Dienste dieser neuen Humanität, dieses neuen personalen Lebens. Ihre tragende pädagogische Kraft ist die Liebe, die auf das fremde Menschentum gerichtet ist, und ihr stärkstes Mittel ist der Geist solcher weckenden und formenden Gemeinschaften, in denen sich das höhere Menschentum realisiert."[16]

Jenseits aller historischen Erscheinungsformen des Erzieherischen verweist der pädagogische Bezug als Strukturelement der Erziehungswirklichkeit auf Voraussetzungen, die jeglichen Kopplungsanliegen im Zwischen vorausgehen. Ein keineswegs selbstverständliches Mindestmaß an Kommunikationsfähigkeit zwischen ‚älterer' und ‚jüngerer' Generation bildet die grundlegende Schicht des pädagogischen Verhältnisses, die im Zweifelsfall durch fürsorgliches Handeln zuallererst zu gewährleisten ist. Im Umgang mit jenen, denen es an der „Anerkennung des ‚Menschen im Menschen'"[17] mangelt, geht es zunächst darum, im Durchbruch durch die Mauer der Nicht-Anerkennung einen Zugang zum Freiheitshorizont zu gewinnen, der jedem Menschen pädagogisch unterstellt werden muss. Denn die Fähigkeit, ansprechbar, kommunikationsfähig zu sein, bildet die Voraussetzung für alles andere. Ein solcher Durchbruch aber bedarf jenes Potentials der pädagogischen Liebe, das sich in Aspekten der bedingungslosen Zuwendung, der Geduld und der Nachsicht äußert. Wie unendlich schwer dies – gerade auch in den real vorhandenen gesellschaftlichen Deformationsverhältnissen – ist, braucht kaum erläutert zu

---

16 H. Nohl, Die geistigen Energien der Jugendwohlfahrtsarbeit (1926), in: ders., Pädagogik aus dreißig Jahren, Frankfurt 1949, 133–142, hier 142.

17 O. F. Bollnow, Der Begriff des pädagogischen Bezugs bei Herman Nohl, in: Zeitschrift für Pädagogik 27 (1981), 31–37, hier 33.

werden. Liebe steht in einem gesellschaftlichen Kontext, der sich primär über messbare Leistung, Zuwendung in Verrechnungseinheiten und permanent umworbenen Konsum definiert, immer in der Gefahr einer heillosen Selbstüberforderung. Die Einzelnen stoßen im Bewährungsfall nur allzu schnell an die Grenzen ihrer Liebesfähigkeit im Sinne einer voraussetzungsfreien Annahme der Gegenüber. Und mit Blick auf den beruflichen Kontext belasten Paradoxien die Selbst- und die Fremdwahrnehmung grundlegend. „Liebe" erscheint in professioneller Hinsicht vor allem als zweifelhafte Irritation. Die Professionalisierung der Sozialfürsorge, so unverzichtbar diese ist, offenbart ihre Ambivalenzen darin, dass Liebe im Rahmen professionellen Handelns unzeitgemäß wirkt und gleichzeitig auf der Programmebene als Marketingelement entsprechender Dienstleistungsangebote mitgeführt werden muss. Professionelle Distanz ist im pädagogischen Handeln ebenso unabdingbar wie letztlich uneinlösbar, weil Mensch nicht Maschine ist. Jeglicher Umgang mit der Grenze im Zwischen ist nicht ohne ein Minimum an Anteilnahme denkbar. Dies bleibt Chance, Herausforderung und Gefährdung pädagogischen Handelns zugleich. Zu allem Überfluss nagt Liebe, wenn sie denn im Erziehungsprozess zuweilen als leidgeprüfte, bedingungslose Annahme der Anvertrauten in den Vordergrund rückt, nicht nur an dem Kräftefundus der Erziehenden, sondern steht – von außen betrachtet – zugleich noch unter einem mehrfachen Verdacht. Die Missbrauchsskandale haben die Aufgabe der sogenannten professionellen Distanz als zentrales pädagogisches Problem ins Bewusstsein gerückt. Eine Nebenwirkung der entsprechenden Debatten aber war, dass Zuwendung und Interesse (gegenüber schutzbefohlenen Kindern und Jugendlichen) in öffentlichen Debatten vielleicht sogar vorschnell unter Generalverdacht gestellt wurden. Aufmerksamkeit hinsichtlich der Wahrung der leibseelischen Distanz ist unverzichtbar. Agape und Eros sind in professionellen Abhängigkeitsverhältnissen auch juristisch klar zu unterscheidende Bereiche. Dennoch ist die Eindeutigkeit der Abgrenzung zum Beispiel mit Blick auf Leiblichkeit komplexer, als es auf den ersten Blick scheinen mag. Was ist eine tröstende Umarmung? Die Situation ist unklar, offen, sensibel, fraglich. Und um den Blick auf fürsorgliche Liebe zuzuspitzen: Pädagogisches Handeln steht vor allem im Bereich der Fürsorge generell unter dem Verdacht, letztlich eigennützig der Ausübung von Macht und Herrschaft zu dienen oder zumindest den Anderen im Durchbruch durch die Grenze in fälschlicher Weise seiner Freiheit auf Selbstbestimmung zu berauben. Dies gilt es in aller Fürsorge kritisch zu reflektieren.

Bei aller auszuhaltenden Ambivalenz, die einer solch fürsorgerischen Zuwendung innewohnt, ist darin gerade unter den Vorzeichen von Agape unschwer eine Transformierung biblischer Motive in pädagogisches Handeln zu sehen. Im Zentrum dieser Transformation steht ganz allgemein das, was biblisch als Zuwendung zu Schwachen und Ausgegrenzten formuliert wird. Erbarmen ist – biblisch buchstabiert – eine Form, in der Liebe konkret wird und auf die Steuerung von Lernprozessen bezogen werden kann. Der gebildete Mensch kann nicht in Apathie verharren. Eine solch diakonisch akzentuierte Nächstenliebe ist untrennbar mit einer von der Annahme durch Gott gespeisten Ermöglichung der Selbstliebe im Sinne der Akzeptanz des So-Seins des Selbst verflochten. Die Eigenheit von Liebe als Vorurteil[18] einer biblischen Bildung kann über die strukturelle Analyse des Zusammenhangs von Erbarmen, Recht und Kult beschrieben werden. Dieser Strukturzusammenhang verbindet den hebräischen und den griechischen Teil der Bibel über das Postulat der geschichtsmächtigen

---

18 Vgl. zur konstitutiven Rolle des Vor-Urteils im Bildungsgeschehen als hermeneutischem Prozess meine Analyse in dem Beitrag „Bildung als Reflexion und Gestaltung von Vorurteilen. Globale Bildung und die Welt im Kopf", in: A. Blichmann/R. Koerrenz (Hg.), Pädagogische Reform im Horizont der Globalisierung, Paderborn 2014, 13–28.

Wirkkraft Gottes in und durch seinen Heiligen Geist. Anthropologisch gewendet zeigt dieses Geflecht von Erbarmen, Recht
und Kult, den Michael Welker als Kern und Dynamik eines
gesamtbiblischen Gesetzes-Verständnisses beschrieben hat,
einen partiellen Rückweg aus der postparadiesischen Entfrem-
dungssituation des Menschen auf. Es ist die regulative Idee
von Gerechtigkeit, die einen Vor-Schein dessen eröffnet, was
den Menschen in einem nicht-entfremdeten Seinshorizont
möglich sein könnte. Faktisch kann der Lebenslauf nur unter
den Vorzeichen der Fehlbarkeit und Fragilität, also klassisch:
Sünde, „sinnvoll", d.h. gerade unter Aufgabe einer Antwort auf
die Sinnfrage, verstanden werden. Dennoch bietet die Orientierung an „Gerechtigkeit im Sinne von Recht und Erbarmen
und Gotteserkenntnis"[19] eine Art Ermöglichungshorizont, in
dem die eigene Entfremdung durch die partielle Ermächti-
gung zur Liebesfähigkeit durchbrochen wird. Diese Fähigkeit,
Liebe zu empfinden und Liebe zu entäußern, basiert biblisch-
theologisch auf dem Einstimmen in den Gedanken, dass

> „alle drei Elemente des Gesetzes in strengen Wechselzusam-
> menhängen stehen. Wer zuerst Gotteserkenntnis aufrichten
> will, um in deren Folge irgendwie Recht und Erbarmen zu
> erwirken, hat vom Gesetz Gottes ebensowenig etwas ver-
> standen wie derjenige Mensch, der in abstrakter Weise Recht
> und Erbarmen üben will, um aufgrund eines guten Sozi-
> alzustandes irgendwie Gotteserkenntnis zu erlangen oder
> herbeizuführen."[20]

Eine besondere Bedeutung kommt dabei den Erbarmensre-
geln zu, deren Funktion es ist, den Menschen „das konsequen-
te Streben nach Befreiung aus systematischen Zwängen von

---

19 M. Welker, Gottes Geist. Theologie des Heiligen Geistes, Neukirchen-
Vluyn (1992) [6]2015, 113.
20 Ebd., 113.

Unterdrücktsein und Unterdrückung"[21] als Maßstab eigener Existenz aufzuzeigen. Es geht damit um die Relevanz des Handelns Gottes für „wirkliche Lebensverhältnisse"[22]. Dieses Handeln wiederum geschieht durch die Sendung des Heiligen Geistes, der immer auch eine Mahnung an die göttliche Option für die Geknechteten und Unterdrückten mit sich führt.

5   Liebe als Anwalt der Freiheit

Liebe, auch die hier skizzierte pädagogische Liebe als reflektierter Umgang mit der Grenze im Zwischen des Erziehungsgeschehens, ist – biblisch-theologisch gesprochen – eine Antwort des Menschen auf ein Widerfahrnis, das sich der Rationalität der menschlichen Eigen-Mächtigkeit entzieht, diese vielmehr sogar grundlegend in Frage stellt. Inwieweit damit das Erziehungsgeschehen insgesamt gedeutet werden kann, ist ebenso fraglich wie naheliegend. Es ist fraglich, weil das Symbol „Heiliger Geist" im säkularen Kontext als Deutungsmuster von Alltagsprozessen wie Erziehung keine Resonanz erwarten lässt. Es ist jedoch zugleich naheliegend, weil das, was sich in Erziehung an der Grenze ereignet, der rationalen Verfügungsgewalt des Menschen in weitem Maße entzogen scheint. Alle Professionalität trifft hier auf das Unaussprechliche im Sich-Ereignenden. Mit Gewalt kann eben nicht erzogen, sondern allenfalls dressiert werden. Die Doppelstruktur der Liebe im Kontext von Erziehung, im Regelfall die Umgrenzung der Freiheit des Individuums zuallererst aufzurichten und zugleich im Ausnahmefall die Grenze in fürsorgerischer Absicht durchdringen zu müssen, erhält durch die biblisch-theologische Spiegelung ein kritisches Korrektiv, durch das an die Freiheit des Einzelnen als das eigentliche Ziel der Erziehung erinnert wird. Es ist gut und sinnvoll, sich in Erinnerung zu rufen, dass Liebe und

---

21 Ebd., 30.
22 Ebd., 109.

Liebesfähigkeit ein Geschenk sind, über das Menschen nur eine eingeschränkte Verfügungsmacht haben. Hinwendung zum Anderen und Achtung von dessen Freiheit sind im Erziehungsgeschehen angesichts der Herausforderungen für Geduld, Toleranz und Langmut brüchige Konstanten einer Gestimmtheit des Seins. „Siehe, also fließet aus dem Glauben die Liebe und Lust zu Gott und aus der Liebe ein freies, williges, fröhliches Leben, dem Nächsten zu dienen umsonst."[23] Dieser Gedanke Luthers erinnert daran, dass der Umgang mit Grenzen allgemein und der Grenze im Zwischen des Erziehungsgeschehens im Besondern nie voraussetzungslos ist – wo immer diese Voraussetzung gesehen wird.

---

23 M. Luther, Von der Freiheit eines Christenmenschen, in: Luthers Werke in Auswahl, hg. von O. Clemen, Bd. 2, Berlin ⁶1967, 25: „Sih also fleusset auß dem glauben die lieb un lust zu gott und auß der lieb ein frey willig frolich leben dem nehsten zu diene umbsonst."